话说民俗

FOLK-CUSTOM

中国教育电视台/编著

人民出版社

第十章　**歌舞技艺**

前　言

　　党的十八大以来，习近平总书记就弘扬中华优秀传统文化、加强社会主义核心价值观建设发表了系列重要讲话。他强调，"培育和弘扬社会主义核心价值观必须立足中华优秀传统文化。牢固的核心价值观，都有其固有的根本。抛弃传统、丢掉根本，就等于割断了自己的精神命脉。博大精深的中华优秀传统文化是我们在世界文化激荡中站稳脚跟的根基。"同时，十九大报告也指出，"中国特色社会主义文化，源自于中华民族五千多年文明历史所孕育的中华优秀传统文化，熔铸于党领导人民在革命、建设、改革中创造的革命文化和社会主义先进文化，植根于中国特色社会主义伟大实践。"

　　根据中宣部和教育部领导关于"教育台在中国民俗文化宣传上要有担当"的要求，中国教育电视台于 2014 年 7 月 7 日起，在新闻节目《中国教育报道》中推出《话说民俗》栏目。该节目以"说中国民俗，看核心价值"为主旨，精心策划了节令和节日习俗、人生礼仪、居住习俗、饮食习俗、服饰习俗、游艺习俗、民间工艺、民间文学、戏曲曲艺、歌舞技艺十个系列选题内容，通过深入挖掘中华优秀民俗文化中所蕴含的"丰富哲学思想、人文精神、教化思想、道德理念"，为广大青少年认知中华优秀传统文化，提高文化自主意识，培育和弘扬社会主义核心价值观提供了优质的教育资源。截至目前，已经播出《舞龙——中华民族文化的象征》《二十四节气——中国人的传家宝》等节目一百余期，获得受众好评，并得到中宣部和教育部领导的充分肯定。2015年初该节目荣获了中共教育部机关党委授予的2014—2015年度"优秀创新工作案例"称号，并入选国家新闻出版广电总局的优秀网络视频作品。该系列节目主要呈现出以下特色：

1. 激活文化基因，创新报道内容

《话说民俗》节目通过深入挖掘那些最贴近百姓生活并经世代锤炼和传承的文化传统，以及不断反复出现在民众日常生活中和为民众所认同的民俗文化，激活中华民族优秀传统文化所蕴含的核心价值基因：在哲学思想方面，着力反映"中华民族自古以来在建设家园的奋斗中开展的精神活动和进行的理性思维"；在人文精神方面，着力反映中华民族创造的文化成果和精神追求；在道德理念方面，着力挖掘中国民俗文化中蕴藏的以德立人、博施众利等优秀思想；在教化思想方面，着力发挥以文化人、以文育人的教化功能。如节目《寿诞——对长者的孝敬与祝福》，通过中国悠久而丰富的寿诞礼俗和民间祝寿传说，表达了中国人对长寿的向往和对生命的珍重，更透过祝寿这种表达爱的方式，提醒当代年轻人应当学习和铭记，让父母安享晚年是每一个做儿女的应尽责任。

2. 融合多种媒体，创新传播形式

《话说民俗》节目是一次融合了传统媒体和新媒体、线性传播和网络互动等多形态报道形式的全新宣传活动。节目搜集整理和调动使用了大量珍贵的视频、音频、图片和历史文献资料，利用图文并茂的形式进行生动展示和深入阐释。在电视节目播出的同时，还在中国教育网络电视台（CENTV）开设《话说民俗》栏目专页，供网民随时点击收看和点评互动，让受众能够更加便捷和全面地对节目形成持续关注和深度参与。节目内容稿件还在《中国教育电视报》上进行了连载，并在此基础上精心编辑出版了本书，让核心价值观"像空气一样无所不在，无时不有"，为促进社会主义核心价值观在广大青少年中入耳、入眼、入心、入脑发挥了特殊作用。

3. 突出教育特色，创造品牌效应

《话说民俗》节目开播以来在电视和网络平台上都得到广泛关注和好评，逐步成为具有一定影响力的品牌节目。有观众认为，该节目教育特色突出，教师节期间播出的《木铎——传授知识和道义的象征》《束脩礼——尊敬师长的心意表达》等节目，将教师传道授业的神圣职责和学生尊敬师长的礼仪秩序相互映照，有助于在全社会弘扬尊师重教的良好风尚。有教育专家表示，该系列节目深入挖掘中国优秀民俗文化遗产中蕴含的社会主义核心价值观教育资源，呈现角度新颖，表现形式生动，增强了青少年和广大观众的民族认同感和自豪感，对受众具有特殊的吸引力和感染力。

应教育界师生和广大观众要求，中国教育电视台将在本台播出的《话说民俗》系列节目的部分文稿进行了精心编辑，汇集成册，旨在使中华优秀传统文化得到更加充分的传承和弘扬，对促进社会主义核心价值观建设发挥更大作用。

第一章
节日习俗

立春——春天来了

四季流转又一岁，冬天即将结束，春天就要开始了。翻开新一年的日历，新年的第一个节气——立春到了。

中国自古是农业大国，在人们的心目中春天是万物生长、耕耘播种的最佳时机。立春在古代是重要的岁时节日，它意味着春天的开始，农民们就要开始新一年的劳作了。"一年之计在于春"，现今人们都将这句话当作至理名言，而这句话最开始是句农谚，提醒农民们只有在春季辛勤耕作，这一年才会有好收成。

三千年前我国就有迎"春"仪式，立春特有的民俗风情和文化内涵相当丰富。而且不光汉族重视立春，一些少数民族也过这一岁时节日，比如白族称立春日为"催春节"，侗族在立春这天有扮演春牛舞的活动等。

立春，既是一个古老的节气，也是一个重大的节日。天子要在立春日，亲率诸侯、大夫迎春于东郊，行布德施惠之令。当时，祭祀的句芒亦称芒神，是主管农事的春神。据文献记载，周朝迎接"立春"的仪式，大致如下：立春前三日，天子开始斋戒，到了立春日，亲率三公九卿诸侯大夫，到东方八里之郊迎春，祈求丰收。那么，为什么要到东郊去迎春呢？这是因为迎春活动祭拜的句芒神，居住在东方。后来，迎春活动的地点就不止是在东郊了。比如宋代的《梦粱录》中就记载："立春日，宰臣以下，入朝称贺。"这就证明，迎春活动已经从郊野进入宫廷，成为官吏之间的互拜。

到了清代，迎春仪式更演变为社会瞩目、全民参与的重要民俗活动。据《燕京岁时记》中记载："立春先一日，顺天府官员至东直门外一里春场迎春。立春日，礼部呈进春山宝座，顺天府呈进春牛图，礼毕回署，引春牛而击之，曰打春。"这段记载中除了提到迎春祭祀的传统，还提到立春日另外一项重要的习俗，那就是"打春牛"。在立春这一天，人们会用泥土捏一头牛，摆在社稷坛或者土地庙等地展览，等展览结束了，要将土牛击碎，把土撒在农田里，这样土地就会丰收。因此，立春也被称为"打春"。

除了"打春"，立春日人们还要"咬春"。"咬春"就是要吃新鲜蔬果，除了咬萝卜、生菜，还要吃春饼。杜甫在诗中写到"春日春盘细生菜"，春盘就是将蔬菜、春饼摆在一起的一道菜肴，说的也就是咬春这一习俗。

其实除了打春、咬春这些习俗，立春也有踏青的迎春方式，我们不妨也在立春时节约上三五好友到郊外踏青迎春，舒展身心。

春节——辞旧迎新　漫话春节

风雨送春归，飞雪迎春到。说起春节，我们对它既熟悉又陌生。熟悉的是，每年我们都要亲身经历，陌生的是，它好像和过去不太一样了，许多人开始感慨：年味淡了。那么年味原本是什么样？让我们一起来了解它的来龙去脉。

过去，春节叫作元旦，也就是新年第一天的意思。1911 年辛亥革命后，公历 1 月 1 日被定为"元旦"，为了便于区分，将农历正月初一正式称为春节。对中国人来说，相对于公历的元旦，农历春节才是真正意义上的过年。

春节习俗在中国由来已久，相传始于尧舜时期，距今已有四千多年历史。在漫长的岁月中，新年的具体日期随着历法的变化几经变更。直至汉武帝时期制定了太初历，确定正月初一为过年，遂相沿至今。从产生之日起，春节就被赋予辞旧迎新的内涵。为庆祝新年的开始，人们要贴春联、放鞭炮，在过去经常有"一元复始，万象更新"字样的春联，表达了人们对于新年的新期待。

春节是庆祝冬去春来的节日，而在传统的二十四节气中，专门有立春节日，严格意义上的春节就是指庆祝立春。但是随着社会变迁，春节节期得以不断扩展。在许多农村地区，过了腊月初八，就有年味了，俗话说，"小孩小孩你别馋，过了腊八就是年"，说的就是腊八过后，年节也就不远了。不过，真正的节日氛围是从腊月二十三开始，在这一天要进行辞灶，又被称为"小年"。在民间信仰中，灶王爷被看作是一家之主，腊月二十三这天，是灶王回天宫复命的日子，人们都不愿意灶王在玉帝面前说坏话，于是就举行辞灶仪式，并祈祝"上天言好事，回宫降吉祥"。辞过灶后，开始置办年货，几乎每天都有专门要做的事，二十四写福字，二十五扫尘土，二十六炖大肉等，直到腊月的最后一天，也就是除夕日，全家团聚在一起，燃放鞭炮，守岁祈福，迎接新年到来。正月初一过后，亲朋好友开始忙着拜年，互送祝福。直到正月十五元宵节，春节正式进入尾声，人们也开始了新一年的工作和学习。

经过几千年的发展，现在春节早已成为全球华人身份和文化认同的盛大节日，正如民俗学者刘铁梁所说，"春节并非是某种固定的模式，而是既具有地方的多样性，又具有与时俱进的时代感，以此传承我们民族每个成员之间既相互尊重又相互认同的核心价值"。

清明节——新生与死亡共存　美丽和哀愁交织

清明节，音比仲吕的梨花风，沾衣不湿的杏花雨，泄春光的柳条，细细开的嫩蕊，原上新添的坟头土，路上欲断魂的行人。清明是一个奇怪的节日，新生与死亡共存，美丽与哀愁交织。

"万物生长于此时，皆清洁而明亮，故谓之清明"，这是一个活泼泼、生长、生发的生命季。天地以不可思议的力量化生万物，万物急不可耐地成长，成长是以眼睛看得到的速度，速度本身是生命的喷张，喷张却是宁静、纯净的生命的释放。清明，恰恰占据了一年中最好的季节中最好的时间，每年的 4 月 5 日前后，嫩蕊商量细细开，还未开到荼蘼，一切刚刚好。甩掉冬衣的人们，头戴柳枝，踏青赏春。

清明是女子的节日，看那秋千架上衣袂飘飘的佳丽，听那墙里佳人的笑声，尝那用心烹制的春饼，清明曾经令多少人心向往之呢？

清明是孩子的节日，天空明净，地气升腾，忙趁那东风把纸鸢放了；折下柳枝，轻轻将那青色的皮儿剥离，做成柳哨儿，吹着满街疯跑；兜里揣着熟鸡蛋，四处寻伙伴对碰。

清明是男人的节日，广场上喧天的斗鸡喊声中，表面上在那里搏斗的只是公鸡，而实际上却是那些浑身散发着荷尔蒙气息的男人，"乡村年少那知此，处处喧呼蹴鞠场"（陆游《残春》）。蹴鞠这种历史悠久的运动，是清明节的保留节目，蹴鞠健儿的身影是清明这个生机勃发的时节的最好写照。

清明，更是人们思念逝去亲人的节日。坟上新添的黄土，新压的黄纸，坟前甘美的贡品，纸钱燃烧的火光，是对逝者的思念，是在坚定冰冷地提醒你阴阳永隔，因为只看到纸烧了，你无法真信那边的亲人收到了你送的钱；只看到饭菜中沾染了纸灰，你知道这些他们吃不到。更是在提醒你，珍惜生命，珍惜当下！自然而然的，暮春三月的明媚阳光里，郊外墓旁的青草香中，人们踏青寻芳。丰子恺先生曾风趣地将清明踏青称作"借墓游春"。

时至今日，清明节风俗日渐萎缩。没有了"清明不戴柳，红颜成皓首"的单纯的浪漫，没有了秋千上的惊鸿"舞"，没有了斗鸡，甚至没有了春饼和熟鸡蛋。扫墓风俗却顽强地传承下来，成为清明节的代名词。让人们在对死者的祭奠中更好地体味生，也许这才是清明节的本意。在我看来，过节更像是"做礼拜"，年复一年，周而复始，固定的日子重复做固定的事情，让人心有所驻，有所安。零零碎碎的日子，由固定的节日串起，生命就有了整体感，就有了意义。清明节就是其中一个重要的日子。人们可以踏青，可以扫墓，可以回忆，串起了与逝者有关的日子。明天的日子，又将由今天的期望和下一个节日串起。

　　可是，清明本来不是个节日。

　　作为二十四节气之一的清明，当出现于汉前，因《淮南子·天文训》中已明确指出"春分后十五日，斗指乙，则清明风至，音比仲吕"。作为节日的清明，应确定于唐代。我国第一部岁时节日专著——南北朝时《荆楚岁时记》，对于当时流行的节日如元日、人日、立春、正月十五、正月未日、正月晦日、二月八日、春分日、社日、寒食、三月三、四月八、四月十五、五月五、夏至等均有描述，独不见清明节的踪迹。隋代杜台卿的《玉烛宝典》亦未见有关清明节的记载。时至唐代，正史、野史、诗歌中涌现出唐人过清明节方式和内容的记载。如孟浩然《清明即事》曰："帝里重清明，人心自愁思。"

说清明，就不能不说寒食，作为清明节的前一天，常常与清明合二为一。"之推言避世，山火遂焚身。四海同寒食，千古为一人。深冤何用道，峻迹古无邻。魂魄山河气，风雷御宇神。光烟榆柳火，怨曲龙蛇新。可叹文公霸，平生负此臣。"唐代诗人卢象这首《寒食》诗，所言即是寒食节的来历"之推绵山焚身"的故事。

相传此俗为纪念春秋时晋国介之推。当时介之推与晋文公重耳流亡列国，割股肉供文公充饥。文公复国后，之推不求利禄，与母归隐绵山。文公焚山以求之，之推坚决不出山，抱树而死。传说他留血诗一首：

割肉奉君尽丹心，但愿主公常清明。

柳下作鬼终不见，强似伴君作谏臣。

倘若主公心有我，忆我之时常自省。

臣在九泉心无愧，勤政清明复清明。

文公葬其尸于绵山，修祠立庙，并下令于之推焚死之日禁火寒食，以寄哀思，后相沿成俗。

其实，寒食早在周代的古书里就有，并不因介之推而起，正如端午节并不为屈原才存在。但是那有什么关系呢？治人者总要有个忠君典范，治士人者总相信万物有灵，于是，介之推永远地向火而生了。寒食，旧火死亡，新火新生，"燧火开新焰，桐花发故枝"（孙昌胤《清明》）。清明，一切清新明净，万物新生，与日常生活息息相关的火自然不能例外。

　　清明节将生与死并置，欢乐与悲哀交织，看似矛盾的节日，背后是清晰而强大的逻辑，那就是——生命。大好春光中，草木欣欣，百鸟鸣春，生命的脉搏强劲，置身于此，人怎会无动于衷？踏青也好，斗鸡也罢，欢乐是珍惜生的表现。清明扫墓，祭奠死者是为了更好的生。这里有两层意思，一是在追忆往事、悼念逝者中，总结、体味生命，把握余生；二是在农村，若清明坟头无人祭，那是难瞑目于九泉、做鬼都直不起腰的孤魂野鬼。这根深蒂固的意识，直接影响国人的生活方式，并参与改写中国历史。上下几千年，绵绵瓜瓞，生与死从来是互相渗透的。是民族性格导致了节日的设置，还是节日的设置影响了民族性格呢？

立夏——炎热的夏天开始了

　　记忆中仿佛昨日窗外的柳树才刚刚长出嫩芽，今日就已经茂密成荫，冬季凛冽的北风也变成了夏季温暖的南风。古诗里说的"暖风熏得游人醉"，大概指的就是这个时候了。

时至五月，人们迎来了夏天的第一个节气——立夏。立夏就是夏天开始的意思。明人《莲生八戕》一书中写有："孟夏之日，天地始交，万物并秀。"立夏节气，已是春去夏来，各地草木繁茂，此时北方的冬小麦正处于扬花灌浆的时候，油菜接近成熟，夏收作物年景基本定局，所以立夏之后就是农事最繁忙的季节。中国自古以来重视农业，因此立夏对于古人们来说自然是非常重要的一个节气，据记载，周朝时，在立夏这天，帝王要亲率文武百官到郊外"迎夏"，并指派官员去各地勉励农民抓紧耕作。

当然，在民间人们也会通过举行各种活动来迎接立夏。

立夏之后天气逐渐变热，人会"苦夏"，食欲不振，体重下降，所以，立夏时有秤人的风俗。有个故事说，三国时，司马炎灭掉蜀国，掳走刘阿斗，孟获每年立夏会带兵去洛阳看望阿斗，秤他的重量，以验证他是否被晋武帝亏待，因此才有了立夏秤人的习俗。然而不论故事是真是假，秤人的习俗一直流传了下来。

正因为"苦夏"让人们食欲下降，所以人们在立夏之时还要"尝鲜"，另外，这时正是动物活动非常活跃和作物生长旺盛的时节，因此也最适合尝鲜。《月令七十二候集解》中就说道："立，建始也，夏，假也，物至此时皆假大也。"这里的"假"，即是"大"的意思，是说春天播种的植物已经长大了。尝鲜的习俗在各地也各不相同，如苏州有"立夏见三新"之谚，三新为樱桃、青梅、麦子，用以祭祖。在常熟，尝新的食物更为丰盛，有"九荤十三素"之说。

另外，在立夏日孩子们还要进行斗蛋游戏。那日中午，家家户户煮好囫囵蛋，用冷水浸上数分钟之后再套上早已编织好的丝网袋，挂于孩子颈上。孩子们便三五成群，进行斗蛋游戏。蛋分两端，尖者为头，圆者为尾。斗蛋时蛋头斗蛋头，蛋尾击蛋尾。一个一个斗过去，破者认输，最后分出高低。蛋头胜者为第一，蛋称大王；蛋尾胜者为第二，蛋称小王或二王。谚称："立夏胸挂蛋，孩子不疰夏。"疰夏是夏日常见的腹胀厌食，乏力消瘦，小孩尤易疰夏。其实，类似的习俗在端午节时也有，都是希望孩子们能够远离疾病，健康成长。

我们的祖先离土地很近，离自然很近，于是根据周围的景物变化判断节气，又根据节气的变化调整自己的生活和工作，这种顺应自然而调节自己生活的智慧是现代人所应该学习的。

三伏——三伏不热　五谷不结

俗话说："冷在三九，热在三伏。"其中的"三伏"是初伏、中伏和末伏的统称，"伏"有"藏伏"的意思，指阴气受阳气所迫藏伏地下。这是一年中最热的时节，通常在阳历的 7 月中旬到 8 月中旬间，其气候特点是气温高、气压低、湿度大、风速小。

"三伏"的计算方法依据我国传统的干支记数法。据《阴阳书候》记载：夏至后第三个庚日为初伏，四庚为中伏，立秋后初庚为终伏。其中，初伏和终伏的天数是固定的，各为 10 天；中伏的天数则每年不同，有时 10 天，有时 20 天。所以，"三伏"的总天数为 30 天或 40 天不等。时间上处于小暑与处暑之间的三伏天，是一年中气温最高且又潮湿、闷热的日子。

"伏内瓦不干。"三伏天虽然天气酷热，但阴晴不定，片云便可招雨。连阴雨的天气使得人们形成了三伏天定期晾晒衣物、书籍等以防其发霉的习俗。据史料记载，三伏日不仅皇家史馆要晒各朝"实录"，各大寺庙也纷纷晒佛经，或举行"晒经法会"，民间亦"晒其衣物，老儒破书，贫女敞缊，反覆勤日光，脯乃收"，热闹非凡。

"三伏不热，五谷不结。"因热量与雨水的充足，三伏天也是农作物的速生期，更是农事繁忙的季节，农人趁此天时，加快农业劳作，因此便产生了诸多含有丰富农业生产知识的农谚，如"伏天深耕田，赛过水浇园""锄头响，庄稼长""伏天能积三圈粪，来年麦子打满囤"等，这些朗朗上口的谚语，寄予着农人美好的丰收愿景，也见证了他们三伏天里的勤劳。

如此潮湿闷热的三伏天气，伴随着气温的节节攀高，各类健康问题也接踵而至，暑热暑湿便成了人们防范的重点，勤劳智慧的中国人创造了博大精深的饮食文化，其中，三伏食俗文化也自成一套，消夏食俗中蕴含的文化颇耐人寻味。每逢三伏，古人一方面以清凉饮料避暑，另一方面又举行相应的风俗活动，如"饮酒避恶"等，久而久之便形成了一种独特的三伏食俗文化。据文献记载，把伏日作为节日，最初约始于秦朝，约至汉代时，伏日便与食俗联系在一起。

老北京有句俗语叫"头伏饺子、二伏面，三伏烙饼摊鸡蛋"，说的就是北京人家在三伏天奉行的消夏食俗。头伏吃饺子不仅开胃解馋，还蕴含"元宝藏富"的美好寓意；中伏吃面——无论是发汗驱病的热面，抑或是过水拌酱的冷面，既有丰收后"尝鲜儿"式的自我犒劳，也显示了人们的养生智慧；三伏烙饼摊鸡蛋则是在享受美味的同时，隐含着告别伏天、迎接新开始的意味。

当然，我国幅员辽阔，不同朝代、各个地区的风俗不尽相同。概而言之，三伏食俗的由来与汉代作"伏腊节"有关，从最初的庆农活动演化而来，也从侧面体现了我国食俗文化的丰富多彩。

总之，三伏虽热，但我们智慧的祖先却靠这热孕育出独特实用的三伏文化，妙哉！

立秋——秋高气爽　秋收农忙

"无言独上西楼，月如钩，寂寞梧桐深院锁清秋。"

据记载，宋时立秋这天，宫内要把栽在盆里的梧桐移入殿内，等到"立秋"时辰一到，太史官便高声奏道："秋来了。"奏毕，梧桐应声落下一两片叶子，以寓报秋之意。

立秋，是二十四节气中的第13个节气，更是干支历未月的结束以及申月的起始，时间在农历每年七月初一前后（公历8月7—9日之间）。"秋"就是指暑去凉来，意味着秋天的开始。到了立秋，梧桐树开始落叶，因此有"一叶知秋"的成语。从文字角度来看，"秋"字由禾与火字组成，是禾谷成熟的意思。秋季是天气由热转凉、再由凉转寒的过渡性季节，立秋是秋季的第一个节气。立秋以后，我国中部地区早稻收割，晚稻移栽，大秋作物进入重要生长发育时期。古人把立秋当作夏秋之交的重要时刻，一直很重视这个节气。

在立秋节气期间，太阳从巨蟹座运行到狮子座。夜晚观天时，能看到北斗星的斗柄指向天干"申"（西南）的方向。交立秋的那一天正是农历的七月，七月也正是"申月"。立秋之时，太阳处在赤纬＋16°19′，比起夏至那天的＋23°26′已经向南偏了不少，北京地区日照时间也缩短到了 14 小时 04 分（夏至日是 15 小时），但是依然很热，立秋之后仍有一"伏"，"秋老虎"依然存在，所以仍旧要注意防暑。但是，大自然还是有了变化，出现了中午热、早晚凉的"柒柒天"，而且"一场秋雨一场凉，十场秋雨就结霜"。

立秋对于农事的影响相当大。古代农业社会，农民对"立秋"的重视程度不亚于过节。如果立秋日天气晴朗，必定风调雨顺，可以坐等丰收。同样，立秋的早晚也相当重要，"七月秋样样收，六月秋样样丢"。而立秋后是否下雨更是一件不容忽视的事情，"立秋有雨样样收，立秋无雨人人忧"，因为"立秋无雨是空秋，万物历来一半收"。

立秋也相应地改变了人们的生活。立秋既是万物成熟收获的季节，也是人体阳消阴长的过渡时期。因此，秋季养生从来都是人们不可忽视的重要内容。在饮食起居方面，古人认为"秋天宜收不宜散"，应切记"秋不食辛辣""秋不食肺"，还应"早卧早起，与鸡俱兴"——早卧以顺应阳气之收敛，早起为使肺气得以舒展，这样才合乎秋季养生之道。

立秋以后，气温由热转凉，人体的消耗也逐渐减少，食欲开始增加。因此，可根据秋季的特点来科学地摄取营养和调整饮食，以补充夏季的消耗，并为越冬做准备，减少病毒感染和防止旧病复发。秋季气候干燥，夜晚虽然凉爽，但白天气候仍较高，所以根据"燥则润之"的原则，应以养阴清热、润燥止渴、清新安神的食品为主。另外，秋季空气中湿度小，皮肤容易干燥。因此，在整个秋季都应重视机体水分和维生素的摄入。

时至今日，民间仍流行"贴秋膘"。立秋这天，以悬秤称人，将体重与立夏时做一个对比。因为人到夏天，本就没有什么胃口，饭食清淡简单，两三个月下来，体重大都要减少一点。秋风一起，胃口大开，想吃点好的，增加一点营养，补偿夏天的损失，而补的办法就是"贴秋膘"，即在立秋这天食用各种各样的肉，"以肉贴膘"。

七夕——中国古代乞巧节

"迢迢牵牛星，皎皎河汉女。"牛郎织女的美丽传说流传至今，凄美的爱情故事打动了一代又一代的中国人。正因为这个传说，七夕节在当今许多人的心中已经成为"情人节"了。那么，在古人的心目中，作为传统节日的七夕节又是一个怎样的节日呢？

七夕节，又名乞巧节、七巧节或七姐诞，发源于中国，来自于牛郎与织女的传说，是华人地区以及部分受汉族文化影响的东亚国家传统节日，也是中国传统节日中最具浪漫色彩的一个节日，每逢农历七月初七庆祝。由于古代女子希望以织女为榜样，所以每逢七姐诞，她们都会向七姐献祭，祈求自己能够心灵手巧、获得美满的姻缘。东晋葛洪的《西京杂记》有"汉彩女常以七月七日穿七孔针于开襟楼，人俱习之"的记载，这便是我们在古代文献中所见到的最早的关于乞巧的记载。

在东汉后期，七夕节就已经成立。虽然各地乞巧的方式不尽相同，但大多是姑娘们穿针引线验巧，做些小物品赛巧，摆上些瓜果乞巧。在诸多节俗之中，"喜蛛应巧"和"投针验巧"格外有趣。在汉代，妇女们把一种小型蜘蛛放在一个盒子中，以其织网疏密为巧拙之征；到唐朝时，则将蜘蛛放在瓜上。这一习俗就是"喜蛛应巧"。而"投针验巧"是在宋元时期，妇女们将针投入水中，视水中针影占拙巧。针影汇聚细长则巧，散则拙。

除此之外，七夕节还有许多其他风俗，如种生求子、拜织女；还有一些更具地方特色的风俗，如染指甲草、拜七娘妈和七姐诞，等等。这些习俗基本都是和未婚少女求姻缘或是已婚妇女求子有关。

从诸多七夕节俗来看，七夕节更像是古代的"妇女节"。但实际上，七夕节也是古代读书人的节日。古人对星星的崇拜远不止是牵牛星和织女星，他们认为东西南北各有七颗代表方位的星星，合称二十八宿，其中以北斗七星最亮，可供夜间辨别方向。北斗七星的第一颗星叫魁星，又称魁首。后来，有了科举制度，中状元就叫"大魁天下士"。因为魁星主掌文事，所以想要考取功名的读书人都要在七月初七这天祭拜魁星，于是又把七夕叫"魁星节"，也称"晒书节"，保持了最早七夕来源于星宿崇拜的痕迹。

七夕也来源古代人们对时间的崇拜。"七"与"期"同音，月和日均是"七"，给人以时间感。古代中国人把日、月与水、火、木、金、土五大行星合在一起叫"七曜"。以"七曜"计算现在的"星期"，在日语中尚有保留。"七"又与"吉"谐音，"七七"又有双吉之意，是个吉利的日子。因为喜字在草书中的形状好似连写的"七十七"，所以把七十七岁又称"喜寿"。

古时还没有喧嚣的都市，静默的古人仰望天空，将美好的祈愿寄托于日月星辰，那些令他们崇敬的古代神明也就此诞生。为了求得神明保佑，人们又设立了节日专门祭拜他们。历经了几千年的发展，人们庆祝七夕节的方式和最初已是千差万别，但无论七夕节俗如何演变，只要人们心中还有着如同古人一般的美好祈愿，那么七夕节作为中国传统节日的价值就足以体现。

中元节——祭奠先人　缅怀祖先

一提到"鬼"，人们心中大概都会有一丝恐惧。而作为"鬼节"的中元节，在如今的许多人心中更是充满了神秘气息。然而，从现存的有关中元节的传说中，我们可以深切体认到，中元节的祭祀具有双重的意义：一是阐扬怀念祖先的孝道，一是发扬推己及人、乐善好施的义举，是极富人情味的。

佛教与道教对这个节日的意义各有不同的解释。其中，道教强调孝道，佛教则着重于为那些从阴间放出来的无主孤魂做"普度"。

中元节，俗称"鬼节""七月半"，佛教称为"盂兰盆节"。每年的正月十五日，汉族称上元佳节，乃庆元宵，古已有之；七月十五日，汉族称中元节，祭祀先人；十月十五日，汉族称下元节，乃食寒食，纪念贤人。

中元节的源头应与中国古代流行的土地祭祖有关。据传说，道教中有三位非常为民众熟知的神——天官、地官和水官，被人们尊为"三元大帝"。其中，天官生日在正月十五日，称上元节，主要职责是为人间赐福；地官生日在七月十五日，称中元节，主要职责是为人间赦罪；水官生日在十月十五日，称为下元节，主要职责是为人间解厄。

每到农历七月十五日，传说地府放出全部鬼魂，民间普遍进行祭祀鬼魂的活动。凡有新丧的人家，按例要上新坟，而一般在地方上都要祭孤魂野鬼。所以，这一天是以祀鬼为中心的节日，也因此成为中国民间最大的"鬼节"。汉人于中元节放河灯，道士建醮祈祷，乃是汉族传统民俗。

中元节是道教中对农历七月十五这一节日的称呼。而在佛教世界中，这一节日被称为"盂兰盆节"。佛教有"普度众生"的说法，而盂兰节法会则是起源于"普度孤魂"。人们纷纷在七月举行设食祭祀、诵经作法等"普度""施孤"布施活动，以普遍超度孤魂野鬼，防止它们为祸人间，又或祈求鬼魂帮助祛除疫病和保佑家宅平安。

按佛教典故，"盂兰节"的起源有着这样一个典故：相传佛祖释迦牟尼在世时收了十位徒儿，其中一位名叫目连的修行者，为救在地狱里变为饿鬼的母亲，遵照佛祖旨意，联同一众高僧，举行大型的祭拜仪式，以超度一众的亡魂。佛祖说，这样做既可为在生父母添福添寿，又可为已逝的父母离开苦海，得到快乐，以报答父母的养育之恩。后来，这个传说一直流传后世，逐渐形成一种民间习俗，即每年到了农历七月中，人们都会宰鸡杀鸭，焚香烧衣，拜祭由地府出来的饿鬼，以化解其怨气，不至于贻害人间，久而久之就形成了鬼节的风俗。

2010 年 5 月 18 日，中国文化部公布了第三批国家级非物质文化遗产名录推荐项目名单（新入选项目），香港特别行政区申报的"中元节（潮人盂兰胜会）"入选，列入民俗项目类别的非物质文化遗产。

中秋——中国传统的团圆节

"人有悲欢离合，月有阴晴圆缺，此事古难全。但愿人长久，千里共婵娟。"

中秋节又称月夕、秋节、仲秋节、八月节、八月会、追月节、玩月节、拜月节、女儿节或团圆节，是流行于中国众多民族与东亚诸国中的传统文化节日，时在农历八月十五，因其恰值三秋之半，故名，也有些地方将中秋节定在八月十六。

中秋节是中国的传统佳节。据史籍记载，"中秋"一词最早出现在《周礼》一书中。到魏晋时，有"谕尚书镇牛渚，中秋夕与左右微服泛江"的记载。直到唐朝初年，中秋节才成为固定的节日。《唐书·太宗纪》记载有"八月十五中秋节"。中秋节的盛行始于宋朝，至明清时，已与元旦齐名，成为中国的主要节日之一。这也是中国仅次于春节的第二大传统节日。同时，中秋节还是中国三大灯节之一。但中秋没有像元宵节那样的大型灯会，玩灯主要只是在家庭、儿童之间进行的。

关于中秋的起源，一种说法是源于古代帝王的祭祀活动。《礼记》中记载："天子春朝日，秋夕月。"这里的"夕月"就是指祭月亮，说明早在春秋时代，帝王就已开始祭月、拜月了。后来，贵族官吏和文人学士也相继仿效，逐步传到民间；另一种说法是与农业生产有关。秋天是收获的季节。"秋"字的解释是："秋，禾谷熟也。"八月中秋，农作物和各种果品陆续成熟，农民为了庆祝丰收，表达喜悦的心情，就以"中秋"这天作为节日；也有历史学家研究指出，中秋节起源于隋末大业十三年八月十五日，唐军裴寂以圆月作为构思，发明月饼，并广发军中作为军粮，成功地解决了因大量吸收反隋义军而衍生的军粮缺乏问题。

中秋最重要的习俗当然就是赏月、祭月了。中秋节赏月的风俗，据历史学家推断，最初是古代宫廷文人兴起，然后扩散到民间的。早在魏晋乐府《子夜四十歌》中，就有一首《秋有月》描写道："仰头望明月，寄情千里光。"在唐代，中秋赏月、玩月颇为盛行，许多诗人的名篇中都有咏月的诗句，中秋节开始成为固定的节日。传说唐玄宗梦游月宫，得到了霓裳羽衣曲，民间才开始盛行过中秋节的习俗。

到了北宋，正式定八月十五为中秋节，并出现了"小饼如嚼月，中有酥和饴"的节令食品。

明清两朝的赏月活动盛行不衰，"其祭果饼必圆"，且各家都要设"月光位"，在月出方向"向月供而拜"。

此后，陆续出现了"烧斗香""走月亮""放天灯""树中秋""点塔灯""舞火龙""曳石""卖兔儿爷"等节庆活动，而其中的赏月和吃月饼、团圆饭等习俗，一直流传到了今天。

2006年5月20日，中秋节经国务院批准，列入第一批国家级非物质文化遗产名录。自2008年起，中秋节被列为国家法定节假日。

立冬——冬季开始　万物收藏

细雨生寒未有霜，庭前木叶半青黄。小春此去无多日，何处梅花一绽香。

立冬是二十四节气中的第十九个节气，也是干支历戌月的结束以及亥月的起始，时间点在公历每年的11月7—8日之间，即太阳位于黄经225°。

对于"立冬"的理解，我们还不能仅仅停留在冬天开始的意思上。追根溯源，古人对"立"的理解与现代人一样，是建立、开始的意思，但"冬"字就不那么简单了。《月令七十二候集解》中对"冬"的解释是："冬，终也，万物收藏也。"意思是说，秋季作物全部收晒完毕，收藏入库，动物也已藏起来准备冬眠。看来，立冬不仅仅代表着冬天的来临，完整地说，更是表示冬季开始、万物收藏、规避寒冷的意思。

立冬前后，中国大部分地区降水显著减少。其中，北方地区大地封冻，农林作物进入越冬期；江淮地区的"三秋"已接近尾声；江南则需抢种晚茬冬麦，赶紧移栽油菜；南部则是种麦的最佳时期。另外，立冬后，空气一般渐趋干燥，土壤含水较少，应特别注重林区的防火工作。

立冬与立春、立夏、立秋合称"四立"，在古代社会中是十分重要的节日。其中，立冬是十月的大节，不仅是收获祭祀与丰年宴会隆重举行的时间，也是寒风乍起的季节，有"十月朔""秦岁首""寒衣节""丰收节"等习俗活动。古代在这一天，天子有出郊迎冬之礼，并有赐群臣冬衣、矜恤孤寡之制。

据记载，汉魏时期，天子在这一天要亲率群臣迎接冬气，对为国捐躯的烈士及其家小进行表彰与抚恤，请死者保护生灵，鼓励民众抵御外敌或恶寇的掠夺与侵袭；在民间，有祭祖、饮宴、卜岁等习俗，以时令佳品向祖灵祭祀，以尽为人子孙的义务和责任，祈求上天赐给来岁的丰年，农民自己亦获得饮酒与休息的酬劳。

从汉代开始，我国就有"贺冬"或者叫"拜冬"的习俗。到了立冬这一天，人们要更换新衣，拜师敬老，庆贺往来，如同年节一般。

另外，立冬还有吃水饺的风俗。这是为什么呢？因为古代有饺子是来源于"交子之时"的说法。大年三十是旧年和新年之交，立冬是秋冬季节之交，故"交子之时"的饺子不能不吃。

立冬时，气温开始逐渐下降，草木凋零，蛰虫休眠，万物活动趋向休止。人类虽没有冬眠之说，但民间却有立冬补冬的习俗，认为在寒冷的天气中，应多吃一些温热补益的食物，不仅能使身体更强壮，还可以起到很好的御寒作用。因此，立冬时节应以增加热能为主，可适当多吃一些瘦肉、鸡蛋、鱼类、乳类、豆类以及富含碳水化合物和脂肪的食物，同时应少食咸，多吃一点苦味的食物。

第二章

人生礼仪

十二生肖——趣味盎然的纪年与计时方式

生肖也称作属相，是中国和东亚地区的一些民族用来代表年份和人出生的年号。生肖的周期为12年。每一人在其出生年都有一种动物作为生肖。十二生肖分别为鼠、牛、虎、兔、龙、蛇、马、羊、猴、鸡、狗、猪，是中国民间计算年龄的方法，也是一种古老的纪年法。十二生肖（兽历）广泛流行于亚洲诸民族及东欧和北非的某些国家之中。

古时候，为了让贫民百姓也能记住自己出生的年号，就使用了最简单的动物纪年法，后来称其为"生肖年"。

关于十二生肖的记载，现有文献资料中以春秋时期的《诗经》为最早。《诗经·小雅·吉日》里有"吉日庚午，即差我马"的句子，意思是庚午吉日时辰好，是跃马出猎的好日子。这是将午与马相对应的例子。

1975 年，在湖北云梦县考古发现的战国末期睡虎地秦简与甘肃天水市发现的放马滩秦简《日书》中，已经出现配有干支的十二兽，在兽名、干支排列上，与后世十二生肖总体相似，其使用方法、占卜逻辑也与后世生肖相类。由此可见，睡虎地秦简与放马滩秦简《日书》中出现的配有干支的十二兽应是后世十二生肖的雏形。而到了南北朝时期，民间已有十二生肖的用法了。

尽管人们还不能确定十二生肖的确切来历，但因为它的通俗、方便又具有趣味性，所以一直沿用至今，成为古人留给我们的一种仍有实用价值的宝贵遗产。

古时候，一天被划分为十二个时辰，用十二地支为代号，方便识记——一个时辰等于两小时。相传，古人根据中国十二生肖中的动物出没时间来命名各个时辰。如：子时——指午夜 23 时至 1 时，是一天的最后时刻，也是新一天的开始，是老鼠趁夜深人静而频繁活动之时，在十二生肖中属于鼠；丑时——指凌晨 1 时至 3 时，是黎明前的黑暗阶段，据说是牛开始日出耕田的时刻，在十二生肖中属于牛。以此类推，不同的时辰也对应着一天中不同的气候特征，有着各不相同的寓意。

在几千年的中国传统文化中，生肖不仅是一种形象生动的纪年、纪月的方法，更已与每个人结合起来，赋予了一种神奇的性格。据清代赵翼考证，有关十二属相之说最早起源于东汉。从那时起，民间就流传起很多文人抒写的生肖诗。

最早的生肖诗据说是南北朝时陈朝诗人沈炯的《十二属相诗》："鼠迹生尘案，牛羊暮下来。虎啸生空谷，兔月向窗开。龙隰远青翠，蛇柳近徘徊。马兰方远摘，羊觅始春栽。猴栗羞芳果，鸡趾引清怀。狗其怀屋外，猪蠡窗悠哉。"诗中每一句首字顺序点出了十二生肖名，并且突出了每种动物的习性和特点。

元代刘因咏的十二生肖属相诗，不仅在诗文中嵌入十二属相，更是每一句都记述了一个寓意生辉的故事，令人称妙。诗曰："饥鹰吓鼠惊不起，牛背高眠有如此。江山虎踞千里来，才辩荆州兔穴尔。鱼龙入水浩无涯，勾镜等是杯中蛇。马耳秋风去无迹，羊肠蜀道早还家。何必高门沐猴舞，肠栅鸡栖皆乐土。柴门狗吠报邻翁，约买神猪谢春雨。"

取乳名——留下深深的亲情烙印

喜欢读《红楼梦》的朋友都知道，第一回出场的甄士隐的女儿名叫英莲，书中是这样介绍她的："因这甄士隐禀性恬淡，不以功名为念，每日只以观花修竹、酌酒吟诗为乐，倒是神仙一流人品。只是一件不足：如今年已半百，膝下无儿，只有一女，乳名唤作英莲，年方三岁。"在中国传统文化中，关于取乳名的讲究可并不少。

中国人历来就十分看重名字，不仅要取名，还要有字，而且文人们还喜欢起号。名字有很多种，包括乳名、学名、艺名、笔名等，且各自的用法不同。其中，乳名是一种特殊而有趣的用法，专指一个人在孩童时期的名字，又叫小名或奶名。

由于古代的医疗条件相对较差，孩子出生以后，父母最先的心愿就是孩子能健康顺利地成长，能挺过各种病灾或免于被神鬼纠缠。所以，在给孩子取乳名时，父母是绝对不能大意的，要携带礼物，请求家族或乡村里的长者为孩子起乳名，据说这样能够得到长者的庇护。有人担心给孩子起太好的名字会折福减寿，就特意取一些卑贱的乳名，比如狗剩、铁蛋等，认为起这样的名字好养活，经得起摔打，扛得起病痛。有人还要给小孩算命，看生辰八字，根据五行取名。比如鲁迅在《故乡》中写到的闰土，就是因为五行缺土而起的小名。当然，取乳名也可以直接表达祝福，常见的有百岁、来福、喜儿等，寄托着家人对孩子的美好期待。

另外，何时给孩子起乳名也非常有讲究。大约在明代以前，取乳名要在"洗三"这天进行，也就是婴儿出生后的第三天进行。后来，各地起乳名的时间不再统一，有些地方会在婴儿满月的时候起名。而如今，很多年轻父母一般在孩子尚未出生时，就已经开始寻思着起乳名了。

有些少数民族也要举行取乳名的仪式。哈尼族叶东人要请族长为小孩念祝词，彝族要请巫术来念经驱邪，瑶族要举行"添人口"仪式，用煮过植物的水给小孩净身，然后报告祖先，家里增添了新成员，恳求祖先保佑，然后再给小孩命名。其实，取乳名的风俗在世界各地都很普遍，人们都希望给孩子起一个好听、上口，并且吉祥如意的名字，希望这个乳名从一开始就给孩子带来好运。

相对于在正式场合使用的名字，乳名显得亲切而随意。如果说正式的名字代表着一个人在扮演社会角色时严肃的一面，那么乳名则更多的是在传达情感，饱含更多的是浓浓的亲情。无论如何，一个人在嗷嗷待哺的时候，乳名就在他的身上留下了深深的亲情烙印。也许，这就是爱的印记吧。

满月剃头——人生的第一次仪式

对于广大青少年特别是成年人来说，理发剃头算是生活中一件再平常不过的事了。可是你知道吗，一个人呱呱坠地来到这个世界之后，第一次剃头可被看作一次非常重要的人生经历呢。人们要在新生儿满月这天举行剃头仪式，俗称"满月剃头"。

剃满月头又叫"落胎发"，这是妈妈结束"坐月子"的日子，也是新生儿和外界正式接触的第一天。人们无论是贫穷还是富有，都要举行一定规模的庆典活动。剃头就是其中很重要的一项，表示小孩可以干净清爽地面对世界了。满月剃头的风俗最晚在宋代就已经出现了。《东京梦华录》中记载："至满月……大展洗儿会，亲宾盛集。煎香汤于盆中，下果子彩线葱蒜等……浴儿毕，落胎发，遍谢坐客。"当时人们为新生儿庆祝满月的热闹场景可见一斑。

在满月当天，小孩的外婆、舅舅、姨妈、姑妈都会来，尤其是舅舅，是满月礼的主要宾客。他们不能空着手，一定要带着礼物，比较常见的有糕点、面条、鸡蛋、衣物等，希望小孩衣食无忧，健康快乐。在举行剃头仪式前，人们通常会查看历书，找准吉时，并由外婆家的人来主持。然后请一位年长的、有经验的剃头师傅为婴儿去除胎发。在有些地方，小孩的家人要给剃头师傅双倍的价格，还要捎上几个红鸡蛋，邀请他吃满月酒，寓意着要给孩子开一个好头。

给小孩第一次剃头在全国各地都很普遍，但在各地区的表现有所不同。何时何地剃头？由谁来担当剪刀手？都有不同的讲究。剃头时间并非全都在满月这天，在山东沂蒙山地区，流行在孩子出生十二天进行剃头，在当地叫作"绞头"。负责剃头的人不一定是理发师，而是指定小孩的舅舅来做这件事。在这一天要准备剪刀、蜡烛、葱和艾草，这些物件都含有趋吉避凶的意味。在过去，仪式一般在孩子出生的屋子举行，但是现在一般不会在家里接生，就在小孩父母结婚的新房举办仪式。结婚时候的红蜡派上了用途，等小孩剪头的时候要点好蜡烛，小孩的舅舅象征性地剪几根。剃去的胎发不能随意丢弃，在浙江绍兴一带要将剃下的头发拧成一团，装在袋子里保存起来；广东地区讲究用红纸包裹好，珍藏起来，不能轻易丢失。

如今，满月礼在我们的生活中依然盛行，虽然形式有所变化，比如，剃头场所变了，家长会带小孩去理发店剃头，庆祝满月的方式更新了，要带孩子去照相馆拍照留念等，但人们祝福的初衷并未改变，都希望这个经历人生第一次仪式的小孩聪敏俊慧，早日成才。

过百岁——来自第一百天的祝福

元杂剧《蓝采和》第四折中说："这个道七十，那个道八十，婆婆道九十，这厮淡则淡到长命百岁。"这是在说作为八仙之一的蓝采和长寿。现在人们经常用"长命百岁"作为吉祥语，用来祝福一个人健康长寿。应该说，这种祝福从孩子一出生就已经开始了。

新生儿降生一百天，过去称为"百晬"，后来渐渐演化为"百岁"。这一天的庆贺活动被称为"过百岁""做百日"。北方许多地区，过百岁多在婴儿出生第九十九天举行，人们认为满一百天再过容易溢出来，所以要欠一天。过百日时，小孩儿的外婆、舅妈、姑姑、姨妈等亲朋会前来庆贺，并带着红包、衣物、长命锁等贺礼。

在有些地方，亲朋好友前来庆贺百岁时，要给孩子买件衣服，举行穿衣服仪式。当天下午，将送来的衣服放在一个筛子里，端到场院的大柳树下，再找一个粮食斗靠着柳树放好，小孩儿坐在上面，叫作"倚着柳，靠着斗，小孩活到九十九"。然后给小孩儿穿上新衣服，穿衣服的人必须是姑姑和姨妈，这叫作"姑穿上，姨穿上，小孩活到八十上"。最后再戴上缝着"长命百岁"字样的帽子，由姑妈或姨妈抱着在全村子走上一圈。

北方一些地区，除送衣物和首饰之类的以外，还要送一件称作"岁"的面食。"岁"，也叫作"长岁"，用发面蒸做长条形，中间粗，两头细，类似浅穗，谐音为岁，上染红色或彩画各色花样，以为百日礼物。岁有大小两种，外婆家和奶奶家都要做，奶奶家做得多的可达百个，亦是取长命百岁之意。

过百岁时，最有特色的礼物是百家锁和百家衣。百家衣状如僧袍，是集各种颜色的碎布头连缀而成的，虽不一定来自百家，但是提供布的户数越多越好。一般紫色的布块比较难收集，紫谐音子，谁也不愿意把自家子送给别人，只好到孤寡老人那里去讨取。穿百家衣是为了长寿，有的孩子穿到周岁才脱掉。除了颜色有要求外，许多地区讨布头时，对索要的家户姓氏也有要求。一般而言，姓氏中包含长命、富、贵字眼（或其谐音）的人家，以及刘姓（谐音留，意在取留住的意思）等较为看重。

山东沂蒙山区，在新生儿过百日时，有穿百天裤的习俗。在这一天的时候，姥姥要给新生儿买或者做一条新裤子。颜色一般是蓝色，取"拦住"的意思。然后找个儿女双全的人给新生儿穿上，而且让小孩儿骑在碌碡上穿，一边穿，一边念叨："脚踩着碌碡头顶着天，小孩儿活到一百三"，"穿上裤子走一走，小孩儿活到一百九"。

虽然各地过百岁的习俗不尽相同，但却都饱含一个共同的心愿，那就是希望新生儿能够健康成长，长命百岁。

抓周——一次未来职业的小测试

《红楼梦》中有这样一段描述："那年周岁时，政老爷便要试他将来的志向；便将那世上所有之物件，摆了无数，与他抓取。谁知他一概不取，只把些脂粉钗环抓来。政老爷便大怒了，说：'将来酒色之徒耳！'因此便不大喜悦。"

这是贾宝玉抓周的情景，可见抓周这一习俗在当时非常普遍。"抓周"是新生儿诞生礼仪中最后一个高潮，是在新生儿周年生日这天举行的仪式活动。家中长辈将能够代表主要的社会职业的物品放在孩子周围，不加诱导，任由孩子抓取，通过抓住的物品来预测他未来的事业与成就。

文献上有关抓周的记载可上溯到南北朝时期。北齐颜之推

《颜氏家训·风操》中记载："江南风俗，儿生一期，为制新衣，盥浴装饰，男则用弓、矢、纸、笔，女则用刀、尺、针、缕，并加饮食之物及珍宝服玩，置之儿前，观其发意所取，以验贪廉智愚，名之为试儿。"抓周又称试儿、试晬、拈周、试周，与产儿报喜、三朝洗儿、满月礼、百日礼等一样，同属于传统的诞生礼仪，其核心是对生命延续、顺利和兴旺的祝愿，反映了父母对子女的舐犊情深，具有家庭游戏性质，是一种具有人伦味、以育儿为追求的信仰风俗。

到了唐宋时期，这一风俗已从江南传遍了神州大地，在全国各地逐渐盛行开来，谓之"试晬"或"周晬"。宋代孟元老《东京梦华录·育子》中记载：民间生子后，"至来岁生日，罗列盘盏于地，盛大果木、饮食、官诰、笔砚、算秤等经卷针线应用之物，观其所先拈者，以为征兆，谓之'试晬'。此小儿之盛礼也。"可见抓周在当时是被当作一个盛大的事件来对待的。

元代和明代时，这一习俗更加盛行，被称为"期扬"，而到了清代，才有"抓周""试周"之称。《儿女英雄传》第十九回就详细记载了一则抓周趣事："这年正是你的周岁，我去给你父母道喜。那日，你家父母在炕上摆了许多的针线刀尺、脂粉钗环、笔墨书籍、戥子算盘，以至金银钱物之类，又在庙上买了许多耍货，邀我进去，一同看你抓周儿。"

清末民初，北京民间仍然盛行这种小儿"抓周儿"礼，也是全民上下非常看重的风俗。

如今，随着生活水平的提高，抓周这种习俗越来越多地被许多家庭所重视，许多地方也在有组织地集体举行抓周活动，以此来庆祝宝宝的生日，但早已没有了迷信内容，纯粹是一种取乐逗趣的游戏，以助孩子周岁欢乐之兴。这也可说是我国古老民俗文化的一种"遗风"。著名学者钱钟书先生说过："《红楼梦》贾宝玉抓周抓了胭脂，我一岁抓周抓到书，取名钟书，儿时玩戏不足信。"

长命锁——中国人生命观的凝聚

锁是一种起封闭作用的器具，门、箱等一旦上锁，就意味着保险和安全，将锁的这一用处加以夸张引申，便可用来锁住无形的事物，比如我国民间文化中的"长命锁"习俗，就蕴含着类似的象征意义。

长命锁，单从名字来看，就能看出其饱含着对佩戴者长命百岁的祝福。在医药尚不发达或发生战乱的年代，人们生养孩子并不容易。为了使孩子平安顺利地长大成人，人们想出这种"厌胜"

的办法，"厌"通"压"，意思是压而胜之，通过某种物件来阻止不好的事情发生。长命锁便是如此，人们希望通过这个挂在项间的锁形饰物，能够锁住小孩的性命，为他避开灾祸疾病，并带来吉祥好运。

据说，长命锁的前身是"长命缕"或"百索"，最早可追溯到汉代端午节，当时家家户户都要在门上系上五色丝绳，用来辟邪消灾。一直到宋代，五色线渐渐变得形式丰富多样，不仅结绳的花样复杂，还出现了穿有珍珠的装饰物。明清时代，长命缕的用途开始扩展到给新生儿过周岁生日的习俗中，并经由项圈、寄名锁等形式过渡到如今的长命锁，在汉族地区十分流行。

长命锁更多地表达的是长辈对晚辈的祝福，多为银制，也有用金、玉等材料雕琢而成的，呈古锁状，一般上面镌刻有"长命百岁""长命富贵"等字样，上面装饰的纹样大多是莲花蝙蝠、祥云瑞兽等。锁片用长丝带穿系，戴于小儿脖颈上。病弱和独生子女佩戴的较多，有避祸驱邪、祝愿长命的含意。清代人天花才子的小说《快心编》中就叙及这种饰物：有一个姓石的人家，四十岁时生得一子，夫妇俩"恐他难得长养"，特地将一块玉锁挂在儿子颈间，以后这块玉锁就一直佩在他身边，一直伴随到他长大成人。书中形容这块玉锁，"琢得精巧绝伦，缕着双鱼戏水，暖润滑泽"。

　　长命锁一般是孩子的家长制作，也有亲朋好友赠送的。其中，精心打造"百家锁"的意义非常重大，因为这是由小孩的家人派人沿街乞讨，凑足从多家乞讨来的钱币打造而成的。为此，有一些家庭特意向乞丐换钱来为孩子打造长命锁，目的就是集纳百家的福气，合众人之力，保佑自己的孩子健康长寿。

　　如今，挂长命锁的象征意味更浓，项链由线代替，锁由布条代替，或干脆用纸币代替，而且当天要摘下。东北三省有给小孩挂长命线的风俗，由外婆给小孩挂上以后，回家由父母摘下来，摘长命线不能从头往上摘，而是要从脖子以及脚下取出。同时还要边摘边念："头上挂，脚下摘，姥姥亲，姥爷爱，长命百岁，长命百岁。"

　　长命锁象征着中国人的生命情怀，千百年来，通过对人生的体验，经过千锤百炼和精雕细琢，人们将最重要、最美好的祝福凝结在长命锁上，并将这沉甸甸的祝福佩戴到孩子身上，文化就这样在代代传承中得以延续。

成年礼——开启人生新篇章

　　相传，宋朝末年，元军攻破潭州（今长沙）时，身为衡州

（今衡阳）知州的尹谷正在为他的两个儿子举行冠礼。当时有人问尹谷：在这样危难的时刻，还有必要这样做吗？尹谷回答说：这样才能让儿子戴冠见先人于地下。结果城池落败于元军之手，尹谷和他匆匆加冠的两个儿子誓不投降，于是自焚而死。古人对冠礼的重视，从这个小故事中可见一斑。冠礼就是古代男子的成年礼。

《礼记·曲礼》中说："男子二十，冠而字。"这是说，男子二十可以举行成年礼，要为之加冠，还要取个字。由于古代贵族的成年人参加社会活动时必须佩戴帽子，所以叫作冠礼。男子有冠礼，女子则有笄礼。笄是簪子，所以笄礼又称"上头礼"，一般是指女子许嫁以后、出嫁之前的成人礼。

《礼记·冠义》中记载："冠者，礼之始也。"冠礼是一切礼仪规范的开始。《冠义》又说："成人之者，将责成人礼焉也。责成人礼焉者，将责为人子、为人弟、为人臣、为人少者之礼行焉。"这是在说，要想成为成年人，必须举行成人礼，冠者从此将由家庭中毫无责任的孩童转变为正式跨入社会的成年人，要履行孝、悌、忠、顺等德行，才能成为合格的儿子、弟弟、臣子和晚辈，成为各种合格的社会角色。可以说，冠礼是人生的一大转折，是一个人正式进入社会的标志。

周代对冠礼非常重视，从皇帝贵族到士阶层，都要严格遵守冠礼。对帝王而言，只有成年之后，才可以亲政。一般的士人也只有行过冠礼，才能担任重要的官职。加冠时要依次将缁布冠、皮弁、爵弁加于冠者之首。首先是缁布冠，由一块黑色的布制成；其次是皮弁，由白色的鹿皮制成；最后是爵弁，为赤红色。三次加冠，每次均比前一次尊贵，隐喻冠者的德行与日俱增。这也意味着从此以后，冠者享有治人的特权，要服兵役并有权参加祭祀活动。

受儒家文化浸染，成年礼在秦汉时期得到严格遵守。在魏晋南北朝至隋唐时期，曾一度受到冲击。宋代恢复弘扬儒家文化，成年礼又开始得到重视。明清时期，冠礼逐渐趋于弱势，虽然明代的皇室成员依然保持着冠礼的传统，但官员和民间已经很少行冠礼。同时，笄礼也渐渐消逝，开始与婚礼合并，出阁前的"开脸""修眉"都可看作成年的标示。如今，在女子出嫁时，要将头发绾成发髻，与之前发式不同，也可看作笄礼的遗风。

如今，成年礼的形式已经发生变化，不少学校在高中毕业或五四青年节这一天会集体举办成年礼，台湾一些地区还会按照古代"冠笄礼"的方式举行成年仪式，世界各地依然存在着丰富多样的成年礼。可以说，从青少年顺利进入成年，迈向人生新的阶段，开启人生新的篇章，勇于承担起个人和社会的责任，这已经成为人们心中的美好愿景。

寿诞——对长者的孝敬与祝福

寿诞，专指老年人生日。按民间传统习俗，年逾花甲方称"寿"，60 岁为"花甲之寿"，70 岁为"古稀之寿"，80 岁为"大寿"，90 岁为"耄耋之寿"，百岁为"期颐之寿"。古语又有 60 岁以下为"下寿"，70 岁、80 岁为"中寿"，90 岁、100 岁为"上寿"之说。另外，男性称为"椿寿"，女性称为"萱寿"。

"寿"在几千年的发展中，已经成为一种文化，形成了丰富多彩的寿诞习俗，又称祝寿、做寿、贺寿。大约从春秋战国起，祝寿习俗就已经出现。《诗经·小雅·天保》记载："如月之恒，如日之升，如南山之寿，不骞不崩，如松柏之茂，无不尔或承。"意思是说，你像日月一样永恒，像南山一样长寿，像松柏一样茂盛，子子孙孙传承这样的福分，表明祝寿的意识已经开始深入人心。《尚书·洪范》中说："五福，一曰寿，二曰福，三曰康宁，四曰有好德，五曰考终命。"可见古人认为，寿是人生中第一位的。南北朝以后，祝寿渐渐成为民间的风俗。

在民间，祝寿有一套传统的礼仪。首先是要设寿堂，点寿烛，悬挂寿幛，张灯结彩。寿星端坐寿堂，亲友晚辈依次拜寿。

辈分不同，礼数有别。平辈上寿只是相互一揖，后辈子孙则要跪地四拜。客人拜寿时，子孙要陪之以礼。此时要燃放鞭炮，时间越长越好。其次是上寿礼。寿礼有的奉上钱物和寿面、寿糕，有的奉上寿屏、寿画、寿联、寿幛、寿匾。膝下子女多奉上衣服、鞋帽等。之后是设寿筵款待宾客。开宴时，先吃寿面，面条细长，象征长寿。酒席宴前，客人频频向寿星敬酒，子孙也要向宾客恭敬回礼。寿诞当日，阖家会尽力营造祥和欢乐的气氛，让寿诞者心情舒畅。

民间有"做九不做十"的说法。以八十岁大寿为例，实际上过的是七十九周岁生日。这是因为在传统文化中，"九"谐音"久"，取天长地久之意；"十"为满贯，意为终结，不吉。有的除做"明九"外，还注重"暗九"，即人生年轮的倍数，如五十四、六十三、七十二等。逢"暗九"生辰，亲朋、子孙前来祝寿充喜，以化解不祥之运。

民间还有"母在堂，不做寿"的古训，即后人即使六十岁、七十岁了，只要高堂健在，就不做寿。这一习俗是把自己的生日看成母亲的难日，以给母亲添寿，来感谢母亲的生育之苦和养育之恩。人们常说的"尊亲在不敢言老"，也是同一个意思。

从古至今，寿诞礼俗从未淡出过人们的生活，人们在行为和观念上一直保持着对寿文化的认同。民间流传着许多关于祝寿的传说，无论是八仙庆寿、麻姑献寿，或是西王母的蟠桃盛会，都是表达了人们对长寿的向往、追求和寄托。可以说，寿文化早已融入每一个中国人的血液，成为中华民族传统文化的精髓。

祝寿既是对生命的珍重，更是表达爱的方式，其所彰显出的孝敬父母、让老人颐养天年的精神实质，值得现代人永远学习和铭记。

六礼——来自古代的婚礼范式

婚姻自古以来就是人生中的一件大事，而婚礼也因此为人们所重视。《礼记·昏义》开宗明义说："昏礼者，将合二姓之好，上以事宗庙，而下以继后世也，故君子重之。"

说到婚礼，就不能不说到"六礼"，指的是从议婚到完婚过程中的六种礼节，在《礼记》中有明确记载，分别是：纳采、问名、纳吉、纳征、请期和亲迎。其创立于西周而为历朝历代所沿用，是汉族婚姻应该遵守的六种礼节，也是婚礼应该进行的六道程序。

首先是纳采，这是六礼中的第一礼，用现在的话来说就是提亲，也叫作议婚。男方家人在选定中意的女子后，就会请媒妁去女方家提亲。女方家人答应议婚后，男方会请人带着大雁去求婚。之所以选择大雁，是因为古人认为大雁为候鸟，顺应阴阳往来，象征男婚女嫁顺乎阴阳；还有人说，如果大雁失去配偶，终生将不再成双，所以大雁象征着忠贞。

问名是第二礼。男方在行过纳采礼之后，要托媒人询问女方的名字、出生年月日和时辰，以供男方用来占卜，看二人的生辰八字是否相合，才能决定成婚与否。问名也需要携带礼物，一般也会用雁，南方很多地区常用槟榔当作礼物。

如果问名这一环节卜到吉兆，就可以进行第三个环节——纳吉，相当于我们今天所说的"订婚"，意味着双方决定缔结婚姻。在纳吉的仪式上，男方必须带上礼物作为订婚的信物。这时通常会用戒指、首饰、彩绸等，称为"送定"。送过定礼后，婚约就达成了，然后进入纳征的仪式。

"征"字有派遣的意思，纳征是指要派遣使者到女方家送聘礼。不同于今天的人们直接用金钱当作聘礼，古人在送聘礼时，男方要带着礼单并将装有礼品的箱笼抬到女方家，还要有媒人和押礼人的陪护。女方接到聘礼后，要将其中的食品退回给男方，称为回礼。礼品的数量要为双数，意味着好事成双。

请期是六礼中的第五礼，可以理解为定婚期。男方在送了聘礼后，要挑选好吉日作为婚期，并派使者前往女方家请示，表示谦和。通常女方家会辞让一番，意思是说，婚期还是由夫家决定较好。这时，使者再将已经定好的婚期告诉女方。请期通常也要带雁作为礼物，后多用红纸写好迎娶的日期和时辰，俗称"送日子"。也有的人家在纳征的时候就将请期的程序完成了。

亲迎是最后一个环节，是指新郎迎娶新娘的仪式，也是整个婚礼的高潮部分。我们今天熟知的抬花轿、拜天地、入洞房等，都属于这个阶段。在古代，亲迎必须在黄昏以后进行，有时甚至在深夜进行。所以，我们在古籍中见到关于婚礼的记载很多都称作"昏礼"。

从周代"六礼"被确定以来，如今已经有三千多年的历史。虽然古今六礼并不完全一致，但无论在魏晋的乱世，还是在宋代被简化成的"三礼"，基本上都没有超出"六礼"的范畴。如今，随着社会的发展与进步，六礼已经逐渐被新式婚俗所取代。20世纪初曾出现过一种文明结婚，当时流行这样的说法："无媒婚嫁始文明，奠雁牵羊礼早更。最爱万人齐着眼，看侬亲手挽郎行。"

媒妁——古老的婚姻中介者

俗话说，父母之命，媒妁之言。媒妁一词早在《诗经》中就

已出现："氓之蚩蚩，抱布贸丝。匪来贸丝，来即我谋。送子涉
淇，至于顿丘。匪我愆期，子无良媒。将子无怒，秋以为期。"
在这首表达男女婚事的诗歌中，"匪我愆期，子无良媒"，指的就
是女子在向男子解释，不是我在拖延婚期，而是你没有一个好媒
人啊。由此可见，媒妁之言乃是古代婚礼所必需的程序，只有明
媒正娶的婚姻，才是被大众认可和接受的。所以民间谚语说：天
上无云不下雨，地上无媒不成双。

媒妁即媒人，又称月老、大冰、伐柯人、红娘等。其中，
"媒"指职业撮合人，"妁"指临时撮合人。旧时婚姻，常请人说
合，通两家之好。因多为妇女担任，故又称媒婆。媒有单媒和双
媒之别。双媒指替男家办事的男媒与替女家办事的女媒。

媒妁文化在中国文化史和社会生活史上源远流长且独具特
色。媒妁的缘起，最初是为了适应古代社会婚姻制度变革和人类
文明进步的时代要求而产生的。随着一夫一妻制的出现，人们在
择偶时需要进行选择，婚姻中介这一职业便应运而生。

在古代，媒妁有官媒和私媒之分。最早建立官媒制度的是周
王朝。当时，媒官的名称叫"媒氏"，从国家领取一定俸禄，执
行公务。其具体任务有：1.记录新生婴儿的出生年月和姓名（古
代婴儿出生三个月后命名）；2.通令三十岁的男子、二十岁的女
子按时结婚，不可衍期；3.每年二月农忙之前，督促适龄青年及

时结婚；4.监督执行彩礼的数量；5.主管婚姻诉讼案，惩罚违法者。私媒则专指民间的婚姻介绍人。他们口齿伶俐，善于和各种人打交道，手中掌握着许多青年人的信息，在双方父母之间牵线搭桥，最终经过父母同意，将婚事办成。

时至今日，媒妁依然存在，只不过他们已经改头换面。从大大小小的婚姻中介所到眼花缭乱的婚恋网站，再到风生水起的电视相亲节目，这些机构都在扮演着古代的媒妁这一角色，为现代人的择偶与婚配，提供着更加便利的条件。

同心结——相亲相爱的象征

当一对新人步入婚姻殿堂时，我们通常会祝福他们"百年好合""永结同心"。永恒和忠贞自古以来就是人们对爱情和婚姻的美好愿望，同时，人们会将这种愿望附着在某种物件上，同心结便是其中之一。

"同心"一词常见于先秦两汉的古籍中，《周易》中记载："二人同心，其利断金，同心之言，其臭如兰。"意思是说，只要齐心协力，就能发挥出很大的力量，只要心意相通，说出的话就像兰花的香味。《诗经》里也出现过"同心"："习习谷风，以阴以雨。

黾勉同心，不宜有怒。"这是在劝告夫妻要同心相爱。《左传》中提到"勠力同心"这个词，特指国与国之间出于共同的利益，应该齐心合作。从这些记载可以感受到，"同心"在古代是一种普遍存在的文化背景，由此才衍生出同心结风俗。

作为中华民族传统的手工艺术，同心结属于结艺的一种。最基础的同心结是由两股锦带打结编成的连环图案，被赋予男女永结同心的含义，象征爱情的忠贞不渝。

同心结是古代男女表达爱情的重要方式，在隋唐时期颇为流行。产生于唐代的敦煌曲子词中，就有六首涉及同心结。其中一首词《天仙子》这样写道："燕语莺啼惊觉梦，羞见鸾台双舞凤。天仙别后信难通，无人共，花满洞。羞把同心千遍弄。"这首词描写的女子，在和情人分别后，得不到情人的消息，望眼欲穿的她只好开始把玩和情人一起编成的同心结，回味过去与情人一起度过的美好时光。

除了表达男女爱情和婚恋观念，同心结还可以当作饰物。男子将同心结别在腰间作为装饰，女子将穿有同心结的丝带用来束发，此外，同心结还可用作锦绣的图案，象征吉祥如意，人们对同心结的喜爱程度可见一斑。宋代出现一种叫作"牵巾"的习俗，在婚礼拜堂之后，新婚夫妇要牵着一条绾有同心结的彩带进入洞房，表示从此以后同心相爱，白头到老。可以说，同心结发展到宋代，已经成为婚礼中不可或缺的内容，在"合髻"这一结发仪式中，男女要将各自剪下的头发结成同心的样式；在饮交杯酒时，要将同心结拴在两个酒杯上，非常具有吉祥喜庆的意味。

同心结的"结"字也十分值得玩味，在汉语中有很多与结相关的词语：结拜、结盟、结亲、结婚、结发，"结"代表一段美好情分的相遇，寄托着人们珍惜缘分的情思。斗转星移，直到今天，同心结依然深受人们喜爱，在东南亚等华人聚集的地方依然能看到同心结。同心结不仅象征着爱情，更是华夏儿女彼此认同的标志，是中华民族团结精神的象征。

嫁妆——中国传统的习俗

妆是女子出嫁时，从娘家带到丈夫家去的衣被、家具及其他用品，亦称"陪妆""妆奁"。它与聘礼一样，在婚礼中不可或缺。中国传统社会一直有给女儿陪送嫁妆的习俗，战国时期就曾出现过关于嫁妆的记载，唐朝时还曾形成相关的法律规定，到了宋代则更是厚嫁成风。此外，在世界各地，嫁女陪嫁妆的习俗也非常普遍。它既是实用性的，能够为婚后成立新家打下基础，也是礼仪性的，寄寓着对新人的关爱与祝福。

送嫁妆主要有两个原因：一是为了女儿过得更好些，贴补家用，或以备应急；二是尽量给女儿争取在男方家的地位，嫁妆多可以显示女方家有经济实力。

在我国古代，嫁妆一般有攒妆和添箱两种。攒妆由聘女者自家采办而成，而添箱则由亲朋好友赠送，要结合酒筵邀请等礼仪进行。过去，讲究的富户往往做"前三后二五"的安排，具体礼仪程序为：第一天添箱，第二天送妆，第三天聘女，第四、五两天庆祝。而在贫寒人家，则只有聘女而无治筵庆贺等活动。

另外，富贵人家的嫁妆名目繁多，金银珠宝、桌椅箱柜、镜梳粉脂、古玩字画，应有尽有，而普通人家的嫁妆则只侧重铺陈、摆设、日用等方面，实用性更强。然而，由于世俗社会常以嫁妆多少论新娘身份高低，因此，不仅富贵人家陪嫁极尽丰厚，一般人家也为争体面，陪嫁丰盛。所以，民间曾有"生崽满堂红，生女一场空"之说。

俗话说"十里不同风，百里不同俗"。各地的嫁妆习俗也是五花八门。浙江绍兴一带家喻户晓的"女儿红"便是由陪嫁习俗得名的。无独有偶，在汉中地区，"嫁妆没腌菜，女儿头难抬"，腌菜是嫁妆中必有之物。而在另一些地方，俗规中嫁妆不能称"送"，而称"发嫁妆"，以避"送上门的货不值钱"之忌，类似还有广西荔浦一带的"亮嫁妆"、上海南汇一带的"兜青龙""摆架子"等。

此外，嫁妆中还有一些物件有特别的说法，如花瓶代表花开富贵，铜盘及鞋寓意同偕到老，银包皮带寓意腰缠万顷，剪刀代表蝴蝶双飞等。杭州一带，红漆木桶叫作"子孙桶"，是嫁妆中必不可少之物，其中还要放进枣子、花生、桂圆、栗子、荔枝，取意"早生贵子""五子登科"，它们寄寓了人们对新人的祝福，更增添了婚礼的喜庆气氛。

我国历代对于嫁妆都有过一些相关的规定，归纳起来大致有以下几点：

1. 彩礼、聘礼是男方给女方家人的，女方父母有可能将聘礼也作为嫁妆给女儿，但不给也没问题，女方父母有全权支配的权利。

2. 嫁妆是给新娘子的，属于新娘子的私人财物，婆家是无权动用和干涉的，如果要动媳妇的嫁妆，必须得到媳妇的同意，而媳妇如果不同意也是正当的。在古代，侵占媳妇的嫁妆是很恶劣的行为，对名声非常不利。

3. 女人去世后，她的嫁妆只能由亲生子女继承；如果没有子女，则要由娘家后人继承。这是因为到了唐宋时期，中国女子实际上有了一定的继承权，而对娘家财产的继承就是通过嫁妆来体现。所以，如果她没有后人要返还给娘家，夫家其他人是不得占用的。

4.如果女人被休离或者离开夫家，嫁妆自己带走，没有分割一说。

5.古代的现实生活中，很多媳妇还是会因为软弱被婆家霸占嫁妆，但这种事情如果有人告发或传出去，婆家是要付出代价的。

出嫁是一段新生活的开始，嫁妆作为娘家的送女之礼，饱含亲朋对新嫁女的关爱与祝福。

过门——美好幸福生活的启程

过门，多指一对谈恋爱将要结婚的新人，女方第一次去男方家，在一些地方也是指将媳妇娶进门的意思。老舍《茶馆》第一幕："姑娘一过门，吃的是珍馐美味，穿的是绫罗绸缎，这不是造化吗?"

在民间意识里，过门常被作为女子成为男人妻子的一种代名词，因此也就成了"结婚"的通俗说法。过门代表着新人的身份和两个家庭的社会关系发生了变化，不仅带有旧时合法婚姻的特征，而且也有着众多习俗与之相伴。

在旧时中国传统结婚习俗中，新娘由女方家出门后正式踏入男方家门，拜见翁姑（指公公和婆婆）及男家其他长辈。传说翁姑不可以在大厅直接看见新人进门，因为这样会相冲。所以，当女方步入男家后，翁姑会由房间出来到大厅会见新人。然后，新郎新娘会拜堂，先拜天地，后拜祖先。新郎新娘会向翁姑奉茶跪拜。翁姑会说一些祝福语，并送首饰及礼物给新娘。新娘收到饰物后需即时戴上，以示谢意。然后，新郎新娘会向其他长辈及亲戚奉茶。

在"过门"这一段短暂、充满考验而又意义丰富的过程中，有着各种各样的仪式。当新娘来到男方大门时，男方亲友会采取种种手段阻止其顺利过门。在民间观念中，新娘过门就意味着成为男方家的一员。因此，在新娘踏入婆家大门之前，既有对新娘的考验、对新人的祝福，也有一些驱邪除恶的活动。例如，汉族婚俗中，新娘过门必须要跨过火盆，寓意是用火烧掉新娘身上可能存在的不吉利。这是人们面对可能出现的鬼神作祟或其他灾害时，主动采取的祛除邪恶的手段，目的是保护处于过渡期的新人（尤其是新娘），以求吉祥平安。

我国幅员辽阔，民族众多，婚俗也是千姿百态。在我国各个民族、各个地区的婚礼中，新娘过门时都会举行一系列的求福仪式，形式纷繁，内涵丰富。在广东潮州地区，新娘过门时还常常伴随着"喜歌"的演唱活动。新娘过男方家门时，必须要踏着烟火走入厅堂和内房。届时，须有人在一旁诵唱踏火烟、过厅和过房祝词，内容是："新娘举步踏火烟，早得麒麟是男孙。夫唱妇随同心腹，孝敬爹妈欲殷勤。金莲移步踏火烟，夫妻偕老百年春。儿孙金马与堂客，五代同堂孙抱孙。"喜歌表达了人们早生贵子的美好心愿。而在胶东一带，新娘在来到男方家到入洞房坐帐之前，双脚皆不能沾地，要踩着红毡走。这一习俗的寓意在于祈盼新娘传宗接代，是一种古老的婚俗。"新妇过门，以布袋传地，辗转更换，令步其上，谓之'传袋'，犹言'传代'也。"

婚书——婚姻缔结的见证

婚书指旧时由男女双方家长为子女婚姻签订的文书。在封建社会，婚姻由父母包办，由男方备具聘礼，写成婚书送达女方。女方接到男方的婚书后，同意者法律称为"许嫁女已报婚书"。女方一经同意而事后悔婚约，要杖六十，而男方自悔则不治罪，但不追回聘礼。

据古书记载，周代已有婚书，书于竹简，男女两家各持其半。"媒氏，掌万民之判"，《周礼》有媒氏司婚姻之事。男女订婚后，即立婚书报之，不报者为私约。

敦煌发现的婚书，男家礼请者，谓之通婚书；女家许诺，谓之答婚书。正婚书之外，各附"别纸"。"别纸"的内容，第一是主婚人与订婚人的关系，第二是男女双方的名字及年龄，第三是求婚与许婚的表示。

宋代民间的婚书有"草帖子"与"细帖"（定帖）之别，先送草帖，后送定帖，定帖送讫方为订婚。定帖即为婚书。

元代的婚书与宋代大略相同，也分两种，初送"年月日帖"，如宋之"草帖子"；后为"纳币简式"，如宋之"定帖"。婚书内容须写明聘财、主婚人、媒人并分别画押。婚书红纸书写，背面大书合同字样，男女两家各执一纸。

无论是古代婚书还是民国年间和新中国的婚书，皆为婚俗婚规的反映，是婚姻的证信物。南宋孟元老《东京梦华录·娶妇》中对婚书的记载非常详细："凡娶媳妇，先起草帖子，两家允许，然后起细帖子，序三代名讳，议亲人有服亲田产官职之类。"即婚书的写法依照男左女右格式，分别写上男女姓名、生辰八字、籍贯以及祖宗三代名号等。

婚书在早年间为手写，多用红纸墨书，其中包括求婚帖、订婚单和结婚单，上面书写着男女双方的生辰、介绍人、主婚人、订婚人、结婚人以及祖父母的名字甚至曾祖父、曾祖母的名字等。

1912 年以后，婚书多改用油墨印刷，其质地除了有宣纸以外，还有硬本、绢面、毛边纸等，有的还涂有金粉。绘制的纹饰出现了龙凤呈祥、鸳鸯戏水等吉祥图案。有的还贴有如今价值不菲的印花税票。

特别是在 1950 年 4 月 30 日中华人民共和国婚姻法颁布后，废除了包办婚姻，这一时期的婚书中出现了婚姻法的相关条款，新郎新娘的名字也头一次并列在了一起。

婚书是婚姻当事人持有并作为证据的最直接、最原始的材料，为我们展现的婚姻各方之间、婚姻各方与社会道德以及国家法律之间的真实关系，是我们在其他任何史料中难以具体和系统地领悟得到的。

在人类繁衍的历史长河中，婚书从无到有，从无文字到有文字，从无法律规定到有法律规定，可以说经历了一个十分漫长的过程。

结发夫妻——愿以青丝定终身

在汉乐府《孔雀东南飞》中，焦仲卿一开始就对刘兰芝立下誓言："结发同枕席，黄泉共为友。"这里所说的"结发"，就是"束发"的意思，意即年轻时结成的夫妻，指原配夫妻。

说到结发夫妻的由来，一说是在浙南有"束发托身"与"投丝慰情"的民俗。所谓"束发托身"，就是原配夫妻择日完婚时，男方要送庚帖，女方要回庚帖。庚帖上写明姓名、出生日子时辰和完婚时间。女方回庚帖时，附上一束头发，用红头绳扎着，作为定情托身、以身相许之物，以示结发同心，百年好合。而"投丝慰情"则是指结发之夫妻，男人溺水死亡，尸体如果没被找到，妻子得剪下一束头发，缚在石头上，投入出事的地方，借此慰藉结发之情。

另一种说法是，古时有个皇帝，在登基前一晚为担心胡子太短而无法入睡（古代男人是以胡须长短衡量人的学识的）。身边的娘娘聪明过人，她剪下了自己的头发，仔细地接在皇帝的胡须上，一夜工夫，使皇帝的短胡子成了长胡子。次日，皇帝登基时，手捋胡须，接受臣子朝拜。臣子惊叹皇帝一夜之间胡须过脐，真乃"真龙天子"！娘娘剪发结皇帝的胡须遂成为结发夫妻的由来。

还有一种说法是中国古时候结婚时，新郎把新娘接回家后，举行结婚仪式，要一拜天地，二拜高堂，然后夫妻对拜，最后饮合卺酒，又称交杯酒，后来又发展成合髻的仪式，即夫妻并坐，将两人一缕头发束在一起。从此便有了"结发夫妻"之说。

"结发"的原意是："始成人也，谓男年二十，女年十五，时取笄冠为义也。"古时候，不论男女都要蓄留长发的，等他们长到一定的年龄，要为他们举行一次"成人礼"的仪式。男子到二十岁要举行冠礼，就是将头发束起来，意味着成年；女子到十五岁左右要行笄礼，也要束发，是将头发绾成发髻，意味着可以出嫁。如果已经订婚，女子还要用一根丝绳将头发束起来，说明已经找到婆家。

古时候，"结"通"髻"，意思是束发。髻，绾发而结之于顶。唐代女诗人晁采写有一首《子夜歌》："侬既剪云鬟，郎亦分丝发。觅向无人处，绾作同心结。"在古代，新婚洞房里，妻子头上盘着的发髻，她自己不能解。《仪礼·土昏礼》中记载："主人入室，亲脱妇之缨。"意思是只有丈夫才能来解开盘着的发髻，然后相拥相抱、恩爱缠绵、如胶似漆。后来，人们就称首次结婚的男女为"结发夫妻"。

我国汉代时期的葬礼中有这样一个风俗：如果结发妻因故早折，做丈夫的就会把他们结婚时用的梳子掰开分为两半，在上面还留存着妻子的青发几缕，把另外一半随葬入棺，以表示生生不忘结发之妻，纪念结发之恩爱情深。

其实，国外一些民族也有"结发"的风俗，但在表现形式上有所不同。据说，北美印第安人有一个支系叫霍皮人，霍皮族的青年男女在举行婚礼时，双方的母亲或女性亲戚要给他们在一个盆里洗头，并将他们的头发混合在一起，叫作"结发"，表明彼此结为夫妻，今后将是亲属关系。

门当户对——传统的婚姻模式

"门当户对"一词出自元代王实甫《西厢记》第二本第一折："虽然不是门当户对，也强如陷于贼中。"旧时指男女双方的社会地位和经济情况相当，结亲很适合。

其中，"门当"原指大门前的石鼓，有圆形和方形之分——圆形代表战鼓，表示主人为武官；方形代表书箱，表示主人为文官。"户对"则是指位于门楣上方的圆柱形木雕，一般都是双数，有二、四、十二之分。五至七品官员为两个，四品以上官员为四个，十二个仅限亲王以上的大户才能用。

正是因为门当与户对上往往都雕刻有适合主人身份的图案，且门当的大小、户对的多少又标志着宅第主人家财势力的大小，所以，门当和户对除了有镇宅装饰的作用，还是宅第主人身份、地位、家境的重要标志。于是，门当户对便逐渐演变成社会观念中衡量男婚女嫁条件的一个词语，其原来的意思反而被人们所忽略。

"门当户对"这个古老的婚姻法则，可以说是由封建社会的"家长制"所操控，其实质是古代社会等级制和门第观念的体现，其中忽略的是男女双方的情感因素。中国古代谈婚论嫁时特别讲究"门当户对"。如果青年男女的爱情和婚姻不符合"门当户对"这个条件，往往会遭到双方父母的反对，而很多爱情的悲剧也都由此酿成。

从辩证的角度来看，古人所说的"门当户对"有其一定合理性。我们说，恋爱是两个人的事情，但婚姻则是两个家庭的事情。家庭氛围、家庭的生活方式和文化是在一个家族一代一代沿袭下来的，即便周围的环境有变化也是不会轻易改变的。两个家庭如果有相近的生活习惯，对现实事物的看法相近，生活中才会有更多的共同语言，才会有共同的快乐，才会保持更长久的彼此欣赏，也才会让婚姻保持持久的生命力。但是，我们这里所说的"门当户对"，并非指的是金钱、地位等物质条件，而是强调男女双方在思想上有共同的高度，在人生观、价值观、世界观上的相互认同，在生活习惯、消费习惯上的相似，这样有共同语言的夫妻更容易步入幸福美满的婚姻。

第三章

居住习俗

北京四合院——传统秩序的文化象征

在我国广大北方地区，四合院可以说是一种非常普遍的建筑样式。它不仅是中国北方传统建筑的瑰宝，更是蕴含了传统道德尊卑与审美旨趣的文化符号。其中，以老北京四合院最为引人注目。

说起北京四合院，人们往往会想到元代建都北京及其街坊胡同形成的历史。其实，四合院的历史要远早于元朝。从已有的史料来看，早在商周时期，就已经出现了四合院住宅样式的雏形。到了汉代，四合院已经相当普遍，经过隋唐两宋的发展，四合院已经基本接近现代样式。元朝建都北京，四合院也随之在北京地区兴起。与元代相比，清代以后老北京四合院前院面积缩小，后院面积增大，使得院落面积的分配更趋合理。清末民国时期，受西方建筑风格影响，许多四合院中出现了西方元素。

抗日战争时期，随着生活水平普遍下降，独户居住的四合院逐渐变成了大杂院，四合院的居住性质和文化内涵都发生了变化。1949年以后，四合院进一步向"大杂院"转变。"文化大革命"时期，传统四合院建筑中精美的砖雕、木雕、石刻等遭到毁坏，随后大量"抗震棚"的塞入，极大改变了传统四合院的院落布局。20世纪80年代后，传统四合院得到了政府的保护，这一记载中华民族悠久历史的文化遗产迎来了春天。

从现有北京四合院来看，根据规模大小，可以分为一进院落、二进院落、三进院落、四进及以上院落等。普通老百姓大都居住在一进院落里，所以一进院落最为普遍。一进院落一般由北房、东西厢房和南房组成。其中北房又称为正房，由堂屋、东西帝屋和耳房构成，主要由家长长辈居住，东西厢房为子孙辈居住，南房又称为倒座房，间数与正房相同。宅门一般占据倒座房东头一间或半间，进门后迎面是坐山影壁，向西通过屏门便可进入庭院。

传统四合院既蕴含了长幼尊卑有序的社会人伦，又体现了老百姓的审美意趣。一般来说，正房高于厢房，宅门高于倒座房，构成主次分明、尊卑有序的空间格局。无论从平面布局还是从立面尺度的构成去考察，都会使人感受到一种稳固、井然有序的空间组合模式，同时给人一种高低参差、错落有致的美感。

历经千年风雨，北京四合院形成了以家庭院落为中心、街坊邻里为干线、社区地域为平面的社会网络系统。这种建立在家庭联系与私人交往层面的社会网络历经数代，形成一种和谐氛围，使人获得稳定感和归属感。可以说，四合院不仅为老百姓提供了安全舒适的生活空间，更是承载着儒家人伦与传统社会秩序的文化象征。

福建土楼——巧夺天工的客家民居

西晋永嘉五年发生过历史上的一件大事，匈奴大军攻陷洛阳，掳走晋怀帝，史称"永嘉之乱"。为避开战乱，大量人口开始从中原迁往长江中下游，拉开了千百年来中原汉人举族迁徙入闽的序幕，从此形成福建地区一支重要的民系——客家民系，并伴随产生了很多独具特色的客家文化，土楼就是典型之一。

据史料记载，福建客家土楼大约产生于宋代，至今已有数百年历史。现在的土楼大多建于清代及民国时期，也有少量建于明代，据说，现存年龄最大的土楼已经有六百余年历史。

土楼外观奇特而震撼人心，粗糙斑驳的土墙，古朴黝黑的瓦顶，平直高大的出檐，都颇为壮观。外形上主要分为方楼、圆楼和交椅楼三种形式。方楼又被称为"四角楼"，一般是通廊式住房，在土楼建筑中，方楼历史最悠久。圆楼内部结构有通廊式和单元式两种，一般由数十间乃至上百间房屋组成，房间前窄后宽，呈柑橘瓣状排列，人们称为"柑瓣屋"。在较大的圆楼中，院落中另修小型圆楼，作为族人祭祀和议事场所，称为"简中堂"。两楼同心，不仅具有建筑美学的审美意义，更包含有"同心同德共患难"的文化寓意。交椅楼也称"五凤楼"，整体型制也是方形，不过这种楼前墙整排房子偏低，左右厢房稍高，后楼最高，看起来整座楼就像一把交椅，因此称为"交椅楼"，这种楼前低后高，采光性好，空气也较为新鲜，在过去往往是府第楼，很少有普通百姓居住。

土楼的建筑材料也很奇特，在粘土中掺水并揉进糯米、蛋清等辅料，混成"三合土"夯成外墙，再放上竹片和杉木用来增加墙体韧性，这样建成的楼房，能够经受风雨侵蚀以及炮火攻击，还具有很强的抗台风、抗地震的能力。

从功能上来看，土楼底层大都为厨房，二层是仓库，三层及以上是居室。一般一座土楼只有一个可供出入的大门，大门一般向南开放，土楼内与大门相对的厅房设为祖堂，用来作为祭祖或议事场所；院落内设有水井；大型土楼还设有戏台、专门的祖祠等，有的还附设私塾学堂等。

2008 年福建土楼被联合国教科文组织认定为"世界文化遗产"，作为文化遗产的土楼建筑，它蕴含着丰富的地方文化知识、族群认同感以及客家人的历史记忆。在苍山翠柏掩映下，一座座或圆或方的土楼坐落在河谷低山丘陵间，充满了诗情画意，客家人在这里辈辈生息，安居乐业，正所谓"青山深处好风景，客家土楼赛天工"。

窑洞——黄土高原文化的写照

路遥的小说《平凡的世界》早已被大众熟知，该故事发生在陕北地区，书中多有对窑洞的描写。习近平总书记在 2015 年两会期间也提到，自己和路遥熟识，曾住过一个窑洞，说的就是他当年在陕北插队时的情景。在西北地区，窑洞是最为典型和普遍的居住形式。

窑洞的历史悠久，民间有唐代王宝钏苦守寒窑十八年的传说，说明窑洞最迟可能在唐朝时期就已出现。窑洞主要分布在黄土高原一带，常见于陕西、山西、甘肃、宁夏等地。深受自然环境的影响，黄土高原覆盖着深厚的黄土层，长期的风力、水力侵蚀，造就了其千沟万壑、梁峁纵横的地貌特点。再加上气候干旱、植被稀少、木材紧缺等原因，人们选择就地取材，依山就势建造房屋，窑洞因此应运而生。

人们习惯把修窑洞称为"券窑"或"箍窑"，一间窑洞叫作"一孔"。由于地理条件、构筑方法和建筑材料的不同，窑洞的形式多种多样，主要类型有：靠崖式窑洞、平地独立式窑洞、下沉式窑洞等。靠崖式窑洞倚山靠崖，将自然的黄土崖垂直削齐，在崖壁上开挖窑洞。为了保持窑体的稳定性和受力合理，窑洞的顶部皆为半圆或尖圆的拱形。平地独立式窑洞是在平地上用土坯或砖石砌筑的窑洞，四面都需要人工砌造。这种窑洞采光、通风较好，还可以在窑上加盖一层房屋，形成"窑上窑"或"窑上房"。下沉式窑洞是在土层深厚的平坦冈地上，向下凿出一个方形平面的深坑，造成人工崖面，再沿坑壁向三面开凿窑洞，另一面筑成斜坡或阶道通至地面，这样既节省地面空间，又能免受地面环境干扰。

由于窑洞上覆盖的土层很厚，室温传导慢，人们称赞它"冬暖夏天凉，胜过盖大房。千年不换瓦，万年不换梁"。据测量，窑洞的温度一般在 10—22 摄氏度之间，相对湿度为 30%—75%，大气中各种放射性物质、噪声的污染干扰较少，居住十分舒适。窑洞的装饰重在门窗，窗棂格图案古朴典雅，和窑洞的自然美融为一体。室内一般有火炕，如有客人来访，主人会招呼其"往炕里头坐"，民谚"暖窑热炕一盆火，小米稀饭白蒸馍"，就是近代黄土高原地区农家生活的写照。

西北人民对窑洞有很深的感情。过去，一位农民辛勤劳作一生，最基本的愿望就是修建几孔窑洞。有了窑、娶了妻才算成家立业。男人在黄土地上耕作，女人则在窑洞里操持家务、生儿育女。可以说，窑洞是传统农耕文化的缩影。窑洞还令人想起革命年代的峥嵘岁月，延安作为中国革命的圣地，至今还保留着毛泽东等领导人曾经居住过的窑洞，一排排窑洞承载的是自力更生、艰苦奋斗的精神。

吊脚楼——巴楚文化的活化石

在著名作家沈从文笔下，有很多描写湘西的生活场景，其中有一种建筑曾被他多次提及，这就是《边城》中出现过的"一半着陆，一半在水"的吊脚楼。吊脚楼不仅分布在湘西地区，还常

见于我国西南各地，为苗族、土家族、侗族、布依族等族的传统
民居，是一种古老而美丽的建筑形式。

据考证，吊脚楼可追溯到七千多年前的河姆渡文化，和原始
的巢居方式有密切的关系，也被称为干栏式建筑。吊脚楼一般依
山而建，临水而立，和一般的干栏式建筑有所不同，吊脚楼并非
全部悬空，而是"半楼半地式"，一半是楼面，一半是地面，以
此适应西南山区各种坡度的变化。这样做还是基于气候条件的考
虑，西南地区多雨潮湿，吊脚楼上层通风良好，可以防潮，用作
起居室；下层用来关牲口和堆放杂物，十分有利于人们的生产和
生活。

吊脚楼类型多样，主要有：单吊式、双吊式、四合水式、二
屋吊式和平地起吊式。其基本特点为：正屋建在实地上，厢房一
边靠在实地和正屋相连，其余三面悬空，由柱子支撑。单吊式最
为普遍，由正屋和一间厢房组成；双吊式在此基础上有所发展，
两头均有吊出的厢房；四合水式则将正屋和厢房连为一体，形成
一个院子；二屋吊式在一般的吊脚楼上多加了一层；平地起吊式
则是从一块平整的土地上建起。不同类型的吊脚楼点缀在苍翠的
山水间，与大自然融为一体。

吊脚楼不仅具有很高的建筑工艺水平，还具有丰富的美学意
义。在建造房屋之前，人们通常会请来风水先生进行卜宅，选址

要遵循"左青龙，右白虎，前朱雀，后玄武"的原则。经过竖木架、装排栅、安窗户、钉椽角、盖屋瓦等程序，吊脚楼基本可以成型。建好的房屋灵巧轻盈、端庄秀美，歇山式的屋顶、古色古香的雕栏，体现了工匠们精湛的技艺，底层置物、上层住人的结构，正好一虚一实，相得益彰。吊脚楼还具有神圣空间的功能，正屋通常放有祖宗圣灵的神龛，也是祭祖活动的场所，在无形之中增强了族人之间的相互认同和家庭成员之间的凝聚力。

一幢幢吊脚楼呼吸着青山绿水的灵气，记录着过去的历史，诉说着现在的生活，被称为"巴楚文化的活化石"。它反映了人们适应自然、改造自然、与大自然和谐相处的过程，凝聚着族人们智慧的结晶。2011 年，吊脚楼营造技艺入选为国家级非物质文化遗产。吊脚楼不仅仅是建筑样式的存在，它背后映射出的是人们对自然、生命的独特感悟和精神追求。

藏族碉房——叩响历史的藏区建筑瑰宝

在青藏高原地区，有一种古老的石室建筑，作为青藏高原地域文化的有机组成部分，已经成为与藏族悠久历史息息相关的文化遗产，它就是藏族碉房。

据考古发现，早在四千多年前，青藏高原地区就已经出现了石室建筑，从形制上看，这些石室已经初具现代碉房雏形。史料记载，早在两千多年前，青藏高原地区的民居已经出现"邛笼"形式，有学者考证"邛笼"正是碉房，不过形制不如现在精致。

青藏高原碉房分布地域很广，在西藏林芝、山南和日喀则一带以及川西高原、云南迪庆均有分布。碉房种类较为丰富，从建筑材料来，有石碉房和土碉房；从外观造型来分，有三角碉、四角碉、五角碉、六角碉、八角碉、十二角碉、十三角碉七类；从功能上来分，有家碉、经堂碉、寨碉、战碉、烽火碉、哨碉、官寨碉、界碉、要隘碉等；此外，按照各地民间说法，还有所谓的公碉、母碉、阴阳碉、姊妹碉、房中碉等。

碉房多为石木结构，外形端庄稳固，外墙呈梯状向上收缩。墙体分为板筑和石筑两类，而以石砌居多，一层方石叠压一层碎薄石，中间以泥合缝。碉房的平面布局有实体式、天井式封闭布局两种，屋面均采用平屋顶，以阿嘎土覆面。碉房一般分为上下两层，也有三层甚至更多的，都以柱计算房间数，一柱大概相当于2平方米的房间。一般碉房底层都比较低，多为牲畜和储藏房；二层为居住层，大间作堂屋、卧室、厨房，小间为储藏室或楼梯间，居室多呈方形，家具也大都依墙放置，充分利用室内边角空间；如有第三层或更高层，则多作经堂和晒台之用。

青藏高原碉房承载着十分丰富而古老的文化内涵，其文化内涵不但与人们的信仰密切相关，也与人们的日常生活息息相关，包括婚姻、爱情及成人仪式等各种民俗事象。在丹巴藏族地区口耳相传着这样的传说：过去谁家生了男孩，就开始准备修建碉房。孩子每长 1 岁，碉房增高 1 层，而埋在碉房的毛铁也要取出锤炼一番。直到男孩长到 18 岁，碉房修完 18 层，毛铁亦锤炼 18 次并制成钢刀。这时便要给男孩举行成人仪式，并把钢刀赐予男孩，表示男孩已成年，可以成家立业了。

　　作为反映高原民族悠久文化传统的碉房，无疑是中国民族建筑艺术的重要组成部分。它展示了西藏民居在建筑领域和文化领域中存在的价值与意义。碉房建筑大多造诣很深，能传达出古老民族历史文化的悠远回声，推动着建筑历史的嬗变。这种源远流长的艺术载体多姿多彩、美轮美奂，已成为青藏高原一道亮丽的人文景观。

蒙古包——游牧民族的生命摇篮

　　"敕勒川，阴山下，天似穹庐笼盖四野。天苍苍，野茫茫，风吹草低见牛羊。"这首流传千百年的民歌，相信很多人并不陌生。简单明快却充满诗情画意的词句，让每一位品读者仿佛置身茫茫草原之中。大草原图轴上，蓝天白云，成群的牛羊，自然更不能少了一座座毡房。在过去这些毡房被称为"穹庐"，而现在人们可能更熟悉它的另一个名字——蒙古包。

长期的游牧生活，使蒙古包成为蒙古民族的典型居住形式。据史书记载，距今两三千年前，生活在蒙古草原的匈奴人就已经住上了蒙古包。经过几千年发展，蒙古包历经回鹘、柔然、突厥、契丹等多个游牧民族的传承与改造，不断根据自然和社会环境变化演进，从而更加实用和美观。时至今日，在中国内蒙古草原地区，仍然有许多蒙古族人以蒙古包作为主要居住形式。

蒙古包一般高三到五米，主要结构为架木、苫毡、绳带，不用泥和砖瓦，全部材料都是由草木和毛皮构成。从外观上看，充当墙体的部分呈现圆柱形，一般用柳条编成菱形网眼内壁构成，蒙古语称为"哈那"；包顶是木架结构的圆锥体；整个蒙古包在包架之外罩以毛皮制作的苫毡，并用驼毛或羊毛制成的粗绳捆绑紧实。蒙古包门开向东南，既可以避开西伯利亚强冷空气，同时也沿袭了以日出方向为吉祥的古老传统。包内则放置着各种生活用具，很多蒙古包里还挂有被视为蒙古族精神象征的成吉思汗挂像。蒙古包座位与宿处十分重视长幼尊卑礼序，一般右侧为长者座位和宿处，左侧则属于家中小辈成员。通常，一个蒙古包只供一对夫妻和子女居住，新婚夫妇要建新包。有比较富裕且人口较多的家庭，建有多个蒙古包，这些蒙古包按长幼次序排列在一起，其中家中最长者居住在最西侧。

蒙古包凝结了以游牧为主的蒙古人的智慧，历经千年而传承至今，不仅是建筑史上的奇迹，更是游牧文化生生不息、具有顽强生命力的象征。在现代化与城市化到处肆虐（发展迅速）的今天，许多草原深处的蒙古人仍在驾着勒勒车载着蒙古包材料四海为家，为喧嚣浮躁的现代生活平添了一份宁静和朴实。

蒙古包之于蒙古族，无论怎么强调它的重要性都不为过，正如著名社会学家吴文藻先生所说的："蒙古包是蒙古族人物质文化中最显著的特征。可以说，明白了蒙古包的一切，便是明白了一般蒙古族人的现实生活。"

梅州围龙屋——客家民居的瑰宝

在岭南地区的梅州一带，随处可见到一组组呈半圆形的民居建筑群落，这便是举世闻名的客家围龙屋。这种极具客家民居特色的建筑样式，与北京四合院、陕西窑洞、广西"干栏式"与云南"一颗印"一道，被称为中国五大传统建筑样式。

梅州围龙屋是伴随着客家人南迁而兴起的一种传统建筑样式，相传起始于唐宋时期，而盛行于明清时期。一千多年前，为躲避战乱，大量中原人举族南迁，在岭南山区聚居繁衍。初到寄居地时，摆在他们面前的自然环境并不优渥，长期以来都流传着"逢山必有客，无客不住山"的说法。此外，他们还经常面临洪水和匪患之忧。在这种情况下，客家人将在中原地区带来的建筑技术与当地生态相结合，逐渐形成了围龙屋这种极具地域特色的建筑样式。据史料记载，到了明清时期，围龙屋建造技术已经相当完善，已经成为梅州地区客家人的主要民居形式了，留存至今的上万座围龙屋大都建于这一时期。

围龙屋是十分复杂同时又极具风格的建筑样式，据说，建好一座围龙屋往往需要五到十年时间，甚至更长，这种饱含着梅州客家人智慧的建筑样式十分讲究风水和传统对称美感。无论选址还是造型，都很符合客家人讲究风水的理念，强调后有山、前有水。围龙屋里有用卵石拼成的各种图案的半圆形龟背状空地，叫"花头埖"，当地人认为这是龙脉之所在。

除了重视风水讲究"来龙去脉"以外，围龙屋也十分讲究对称美，一般以南北子午线为中轴，东西两边对称，前低后高，主次分明，坐落有序。以正堂纵轴线为基点，围龙高于上堂、上堂高于中堂、中堂高于下堂，两边横屋与正堂的平面看齐垂直，采用对称式庭院房屋结构，向前后左右重迭排列，并以屋前的池塘和正堂后的"围龙"组合成一个太极形整体，蕴含了中国传统文化中的动静虚实之美。

围龙屋兼具实用意义和象征意义。屋前的半月形池塘，具有蓄水、养鱼、防火、防旱等作用。屋子外围有一扇总门，沿着总门筑有围墙，能起到防匪、防盗的作用。同时，由于是合族而居，围龙屋还充分体现了长幼有序的传统伦理观念，正房为父母和长房长子居住，其他房间按照辈分依次排列。

围龙屋可以说是一部客家文化的百科全书，富含客家人的历史和文化观念，是客家民居中的瑰宝。目前，梅州围龙屋已经启动申报世界文化遗产的工作。近年来，许多客家华侨从海外引进西方建筑风格，围龙屋开始出现中西合璧的样式，它已经成为客家人引以为傲的地方。一座座围龙屋记录着客家人的历史，也饱含着漂洋过海的华侨们浓浓的乡情。

开平碉楼——侨乡民居的经典之作

电影《让子弹飞》很多人都看过，片中的建筑是典型的中西合璧的样式，非常有特点。该片的拍摄场地位于广东省开平市，在当地有一种民居建筑十分典型，叫作开平碉楼。

民居的形成向来离不开自然环境和社会环境，开平碉楼也不例外。开平位于珠江三角洲的西部，这一带地势低洼，每逢海潮或者台风到来时，很容易发生洪涝灾害。另外，该地区远离官府管制，常常成为盗贼活动的据点。人们在长期与自然、匪患作斗争的过程中，创建了融合居住、防御等多功能为一体的碉楼。20世纪二三十年代后，大量海外华侨回乡，纷纷买田置地，开始修建象征财富和地位的新式碉楼。他们受到西方建筑风格的影响，将其融入到中国建筑中去，从而形成融汇中西的碉楼样式。目前，开平尚存 1830 余座碉楼，其中大部分是这样的新式碉楼。

碉楼是一种外形酷似碉堡的楼房式建筑，一般由楼身、挑台和屋顶构成。楼身为多层结构，出于防护需要，楼身相对封闭，开窗面积较小；挑台一般会突出楼身，形式多样，富于变化，有的做成平台式，有的外加栏杆或女儿墙，有的做成柱廊或拱廊形式。挑台既可用来防守瞭望，又可以通风纳凉，相对开阔宽敞。屋顶是最具识别性的部分，往往成为碉楼整体的视觉焦点。一般来说，早期的碉楼大都采用中国传统的屋顶类型，主要有悬山顶和硬山顶。后来随着华侨投资修建碉楼热潮的兴起，开始出现大量的西式屋顶，如半圆形穹窿顶、罗马敞廊式等。

从功能上看，碉楼大体可以分为三类：更楼、众楼和居楼。

更楼是用作瞭望、守卫和报警的碉楼，也被称为"门楼"或"闸楼"，它们往往是全村的制高点。修建在山冈或水边的更楼称作"灯楼"。众楼是由村民集资共建的碉楼，主要功能是供众人在受洪水之灾和土匪侵袭时暂避之用。这一类碉楼外形封闭，体量庞大，内部兼有居住的功能，有的众楼还兼作学校。居楼主要用来居住，多为富有人家独资修建，能很好地结合防御和居住两大功能。

开平碉楼是岭南建筑文化的重要篇章，有"华侨文化的典范之作""活生生的近代建筑博物馆""令人震撼的艺术长廊"等美誉。因其独特的建筑风格、丰富的历史文化内涵，2007 年入选联合国教科文组织的"世界遗产"名录。一座座碉楼掩映在苍山翠树中，展现的是侨乡人民深厚的文化积淀和艰苦奋斗的历史，饱含了他们对祖国和家园深深的眷恋。历经时代风雨洗礼的碉楼，将以更加古朴、大气的姿态，继续诉说侨乡人民的智慧、风俗和记忆。

骑楼——东西合璧的岭南建筑

在我国东南沿海城市，有一种建筑很常见。它可以为逛街的人们遮风挡雨，提供阴凉，这就是骑楼。骑楼极富有地域特色，经过百十年的风雨洗刷，早已成为东南沿海一带富有文化特色的地标性建筑。

骑楼主要为临街商铺，它横跨在街道之上，楼房向外延伸的部分遮盖住人行道，因此被形象地称为"骑楼"。据资料显示，"骑楼"最早出现在1912年，当时，在国民政府为治理广州颁布的《取缔建筑章程和实施细则》中，有这样的条文："凡堤岸及各马路建造铺屋，均应在自置私地内留宽八尺，建造有脚骑楼，以利交通"，以及"骑楼两旁不得用板壁竹竿之类遮断，及摆卖杂物阻碍行人"。这份文件确定了骑楼的正式称谓，并且拉开了官方促建骑楼街的序幕。由于骑楼在东南亚以及中国的广东、广西、海南、福建、台湾等南海沿岸地区普遍存在，因此学术界将其统称为"南洋风"建筑。

从世界范围看，作为一种敞廊式商业建筑，骑楼最早出现在位于南欧和地中海沿岸的古希腊。它的产生与古希腊商业发达和气候炎热多雨有关。敞廊式商业建筑在古罗马时期得到了更广泛的应用和发展，从中世纪和文艺复兴时期开始，更是遍布欧洲各地。1840年鸦片战争后，外国建筑传入我国沿海各大商埠，骑楼便是借鉴西方建筑风格的典型之一。

可以说，骑楼是海上丝绸之路将地中海文化传播到南洋地区的结果。临街立面多采用西式造型，称为"洋式店面"。骑楼的外部立面为檐口带一个或多个孔洞的女儿墙，多为横向三段对称式，顶部檐口天际线多有波浪形、涡卷形和几何形雕饰。女儿墙的洞口，体现了独特的建筑智慧，可以预防台风袭击，减少对建筑物的冲击力，却也因此形成了别具一格的建筑艺术形态。建筑结构上，既有中国古代传统式和西方建筑模式，还有南洋地区的建筑及装饰风格，并明显受到印度和阿拉伯建筑群的影响。

作为近代岭南地区西方外廊样式与中国传统民居形式结合而形成的特殊产物，骑楼与其说是一种建筑类型，不如说是一种文化现象。它是西方文明与东方文明碰撞结合的产物，是岭南多元文化的代表。一幢幢骑楼相接形成的街道，为行人提供遮风避雨的场所，行者可以全天候逛街，坐者则风雨无阻地招揽生意，人气、财气、风气就在这骑楼之间聚集、流淌。

皖南民居——建筑中的水墨画

皖南古村落素有"中国画里的乡村""水墨画乡村"之称。的确，走进皖南地区，人们就仿佛置身在一幅巨大的水墨画里，在蓝天白云映衬下，白墙灰瓦倒映在碧波荡漾的溪流或湖面上，充满祥和宁静。

皖南在过去属于徽州地区，以经商为传统的古代徽州人在这片土地上创造了丰富而绚烂的徽派文化，其中徽派建筑又格外耀眼，皖南民居正是徽派建筑中的翘楚。皖南民居大体上兴起于宋代，在明清时期达到鼎盛，建筑中渗透了浓郁的儒家文化。历史上，徽州商人虽然财力雄厚，但他们大都秉持儒家"中庸"之道，遵循"庭外不施彩"的古训，让白墙灰瓦成为最永恒的建筑色彩。当然，据说墙体被刷上白粉，也并不都是基于审美考虑，更是一种生态的选择，由于粉墙防潮，使得皖南民居能在多水的环境中，留存数百年而屹立不倒。

如果说黑白相间的色彩是皖南民居给人以视觉上享受的话，那么天井的设置，则给身处其中的人们平添了许多想象的空间。由于人多地狭，皖南民居建筑大多都十分紧凑。东南西北四面建楼，围成狭小的天井。有的天井仅能看到一线天，当地有"朝沐晨霞，夜观星斗"之说。这种天井的形制最具特色的地方在于，四边屋顶都是向内的单向斜坡，下雨时雨水会从四面流入天井中的水池里，因此有"四水归堂"的说法。从风水学的意义上看，有汇聚四方之财的意思，民间也戏称为"肥水不流外人田"。

穿天井而过就进入到厅堂内，厅堂陈设一般都大气而不张扬，多数人家会采取中间放置古钟，东侧放置花瓶，西侧放置镜子的布局方式，借用谐音表达"终生平静"的意愿，投射出屋主对生活最朴素的期望。"马头墙"也是皖南民居的重要特色之一。皖南民居不仅单体建筑比较狭促，而且各院落之间分布密集，相邻院落之间用高大的山墙分隔开来，能够起到隔绝火焰、避免火灾蔓延的作用。由于这些墙的角落造型类似马头，而被后人称为"马头墙"。

皖南地区的西递和宏村，保存了较为完整的古村落。两村建筑类型丰富，囊括了古民居、祠堂、牌坊、书屋、家庭园林和亭台楼阁等多种建筑形式。2000年两村被列入"世界遗产名录"。联合国教科文组织曾这样评价它们："中国皖南古村落西递、宏村，是人类古老文化的见证，是传统特色建筑的典型作品，是人与自然结合的光辉典范"，而这也是整个皖南民居最恰切的写照。

第四章
饮食习俗

饮酒——别具一格的情感表达

　　酒对于人们来说可谓是再熟悉不过，每逢年节，人们在聚会之时总会共同举杯、开怀畅饮。日常饮酒能助兴解忧、放大快乐，也能驱寒保暖、强身健体。总而言之，酒似乎有种神奇的力量，在生活中占据了重要的地位。

　　中国酒主要分为酿造酒和蒸馏酒两类。酿造酒是指用谷物、水果为原料，经过一段时间浸泡发酵而成的，如黄酒、葡萄酒。而蒸馏酒则是指将谷物、薯类等富含糖分、淀粉的作物发酵后蒸馏，所产出一种酒精浓度高、口味醇厚、气味清香的饮品，白酒便是典型。但是，关于酒的起源，学界说法并不统一。有学者认为，酒的发明始于农耕时期以后，当时的人们在已经懂得如何耕种粮食的前提下，进而发现了谷物可以用来酿酒。但也有学者认为，耕种谷物最开始就是用来酿酒而非食用的，因为在远古时代，人类的主食是肉类而非谷类。在民间，关于酒的传说更是多种多样。有人称天上本有一颗酒星，古代的酒均由其制造而成；还有人认为是夏朝的仪狄发明了酒，并将这种美味的饮品献给当朝天子大禹。最为著名的是杜康造酒的传奇。一种版本是说杜康将吃不完的米饭放入了桑树树洞中，久而久之，剩饭发酵传出了酒香，杜康由此发现了造酒之术。另一种说法则更具神话色彩，传说杜康在梦中遇到一位老人，老人告诉他只要将谷物放在清水里，密封浸泡到第九天的酉时，再找三个人的血滴在里面，就能制造出一种味道醇美的饮料。杜康醒来，虽然半信半疑，但也决定试试，没想到制作完成后，清水真的变成了香气扑鼻的饮品。于是，杜康将这种酉时酿成、加了三滴血的饮料命名为"酒"。且不论哪种说法更具有真实性，自从"何以解忧，唯有杜康"的诗句风行于世之后，人们便理所当然地认为酒就是杜康所造了。

在中国，不同的地方饮酒也有不同的风俗。如傈僳族人认为"无酒不成礼"，只要客人到访，主人必须捧出一坛甘甜的美酒与其共饮，如遇到贵客，主客二人还要脸靠脸、肩并肩，一起举起酒杯，将杯中酒同时喝下，这叫作喝"合杯酒"。而广西壮族的男青年在去女方家议婚时则要喝"八字酒"。当天，女方要准备八碗酒，把自己的八字帖藏在其中一碗下面，男方则端起碗寻找帖子，如果没有就喝光碗中酒，直到找到为止。

除此之外，许多文人也喜爱饮酒。古人常常在阳春三月列座在河边进行"曲水流觞"，即在蜿蜒的河道中摆上托盘，将酒杯放置其中，托盘漂流到谁面前停下，谁便满饮杯中酒，并即兴赋诗一首，这种风雅的游戏从东汉开始便未曾间断。而魏晋时期的竹林七贤之一刘伶也是个嗜酒如命的人，他曾经边走边饮酒，同时吩咐身后一个手执铁锹的童子："如果我醉死了，就把我就地埋了吧！"

李白曾有"斗酒诗百篇"的传奇，曹操也发出过"对酒当歌，人生几何"的感叹。总之，酒在中国并不仅仅是佐餐的饮料，更具有深厚的历史与文化内涵。在五千年的社会发展进程中，酒已经逐渐渗透到人们生活的各个领域，形成了一种独具特色而又丰富多彩的文化形态。

饮茶——品味一场精神盛宴

炎炎夏日，人们常常喜爱喝上一杯甘冽的绿茶，起到清热去火、生津解暑的功效。而在飘雪的冬天，一壶上好的红茶则会驱走周身的寒冷，带来温暖和惬意。静夜工作之时，浓茶能够提神醒脑，已经是人们案头必备之物。而当三五好友相聚，共同品茗谈心，又不失为一种别样的情趣。可见，茶早已成为中国人日常生活不可或缺的饮品之一，而茶文化在中华大地则更是长盛不衰，历久弥新。

关于中国人饮茶的起源，可谓是众说纷纭。"茶圣"陆羽在《茶经》中写道："茶之为饮，发乎神农氏。"传说神农在尝百草的过程中，发现了茶可以食用。也有文献记载在西周时期，茶曾作为贡品被献给王室。还有史料称茶最早出现于汉代，是待客时所用的珍贵礼品。其实，无论哪种观点最终被证实，都可以说明茶很早就被中国人认识与利用，而且逐渐形成了一定的风俗习惯。

在中国，茶叶主要分为绿茶、红茶、青茶、黑茶、黄茶和白茶六种。其中，绿茶不经任何发酵处理，只取其清新天然的风味，如大家熟知的龙井、碧螺春等。而红茶则刚好相反，因其经过完全发酵，茶叶与茶汤皆成红色，而且味道醇厚，品性温和，最适宜冬季饮用。青茶也称乌龙茶，它将红茶与绿茶的优点兼收并蓄，不仅香气浓郁，而且口味清爽。我们熟知的普洱茶属于黑茶，因茶汤呈现黑褐色而得名，味道也变得愈加醇厚。此外，还有黄茶、白茶等，外观、口味及饮用功效均各具特色。

从古至今，不同时期的饮茶方式也不甚相同。在秦汉以前，茶基本被作为药品使用，及至魏晋才慢慢成为一种特殊的饮料。唐朝以后，饮茶之风遍及全国，当时主要的制作方式是烹茶或煎茶。或是将新鲜茶叶采摘下来，用水煮沸；或是将茶叶制作成饼状，饮用前捣碎用火煎。待到宋朝，点茶之风大盛。点茶是将研磨好的茶末放入杯中，注入沸水调制成膏状，一手拿茶壶往杯中点水，一手用茶笼拂动杯中茶汤。古人在点茶的基础上还创造了"分茶"这一茶道。分茶也称茶百戏，是指在沏茶过程中，应用技巧使茶汤形成丰富的图案。经过名家的巧手，小小的茶杯中能显现出山水、花鸟等复杂精美的画面。陆游在《临安春雨初霁》中提到的"晴窗细乳戏分茶"说的便是这种情景。及至明清，由于废除了团茶饼，相对简单的散茶冲泡法便逐步流传开来，这种简易的方式一直沿用至今。

在我国少数民族，也有着丰富多彩的茶俗。如壮族男青年到女方家相亲时，若是女子送上一杯加糖的甜茶，则代表姑娘同意这门婚事。而蒙古族人每天都要饮用奶茶，茶中还要添加黄油、炒米、奶皮等食物。白族则有著名的"三道茶"，每道茶各具特色，一般来说头道略苦，第二道甘甜，最后一道回味无穷，取"先苦后甜再回味"之意，其蕴含的哲理与清冽的滋味深受广大民众的喜爱。

作为茶叶的故乡，中国茶文化历史悠久、博大精深，茶与文学、艺术、哲学互相交融，拥有着深厚的文化内涵。饮茶对于中国人来说，已经不仅仅是物质消费的范畴，更是一种极高的精神享受。

八大菜系——中华饮食的地域符号

众所周知，我国幅员辽阔、地大物博，在气候、环境、地域等自然条件的制约下，各地的饮食风格均有一定的差异。从古至今，人们本着靠山吃山、靠水吃水的原则，经过数千年的分化演变，最终形成了鲜明而自成一体的地方风味与菜肴流派，这就是我们熟知的八大菜系。

八大菜系主要包括鲁菜、川菜、粤菜、闽菜、苏菜、浙菜、湘菜和徽菜。其中，鲁菜作为明清时期的宫廷菜，是中国原四大菜系之首。其菜肴讲求鲜嫩清香，喜用清汤或奶汤，将传统大气与精致典雅融为一体，代表菜如糖醋黄河鲤鱼、九转大肠、奶汤蒲菜等。

而川菜则是极富特色的菜系之一，其食材平民、品种多样、口味醇厚、喜用麻辣，有"七味""八滋"、三十八种烹饪方式。

因此，川菜不仅受到寻常百姓钟爱，更能登大雅之堂，走上国际餐桌展示中华特色。川菜的美名在世界上都享有盛誉，其中宫保鸡丁、鱼香肉丝、回锅肉等最受人们推崇。

粤菜主要由广州、潮汕、东江三种地方菜为主体构成，其选料奇异，刀工精巧，讲求的是"清而不淡，鲜而不俗，嫩而不生，油而不腻"。如著名菜肴"龙虎斗"就是由三蛇和豹狸为原料制作而成，"生炒鸡球"则需用极其精巧的刀工将鸡肉切片并在上面用花刀划纹方可制成。

闽菜是以福州菜为基础的菜系，其口味清鲜淡爽、偏于甜酸。最突出的烹调特色是"糟法"，这是指将糯米、红米用酒泡制封藏，形成一种色泽红艳、口味酸甜的"红糟"作为调味料制作菜肴。主要代表菜有糟炒香螺片、醉糟鸡等。

苏菜与浙菜由于在地理位置上相近，所以同属江浙菜系。其口味清淡偏甜，造型精细讲究，原料鲜活细嫩。不仅有盐水鸭、松鼠桂鱼、西湖莼菜、龙井虾仁等经典菜肴，更有糖芋苗、糯米藕、嘉兴肉粽等风味小吃，其种类繁多、味道鲜美，食用时总会带给人一种别样的享受。

湘菜以湖南菜为代表，主要特色为酸辣，这是由于湖南气候潮湿多雨，食用酸辣的食物可以开胃除湿、爽口提神，所以深受人们喜爱。其中剁椒鱼头是湘菜的代表，因鱼肉口感细腻鲜香、剁椒色泽红亮，同时也被称为"鸿运当头"，已经成为了湘地传统菜肴。

徽菜指的是徽州菜，其发源地是今安徽黄山。徽菜重油重色，口感鲜咸，风格质朴，重视保持原料本真的味道。代表菜有清蒸石鸡、黄山炖鸽，由于徽州菜质地细腻，汤汁浓郁，早在南宋时期便已闻名各地。

八大菜系的形成经历了长期的历史发展进程。宋朝时，中国人的主要口味是南咸北甜，及至北人南下，喜甜的口味逐渐传入南方。到了明代，中国菜系被分为京式、苏式和广式三个流派，其中京菜逐渐为鲁菜所代表，清末又增加川菜，合称四大菜系。等到民国之后，四大菜系逐渐增加到八种，形成今天所说的八大菜系。

有人说，苏菜、浙菜、徽菜好比清秀素丽的江南女子；鲁菜则犹如君临天下的北方帝王；粤菜、闽菜宛若风流儒雅的公子；川菜、湘菜就像内涵充实、才艺满身的名士。无论如何，八大菜系作为中国极具特色的饮食符号，其丰富的口味、各异的风格已经在全国乃至世界的餐桌上大放异彩，在中华文化史上书写了一段别致的篇章。

元宵——上元佳节的吉祥符号

　　每到正月十五元宵佳节，大街小巷张灯结彩、人潮涌动，看花灯、猜灯谜、舞龙舞狮早已成为家家户户喜闻乐见的节日风俗，而软糯甜蜜的元宵在此刻被端上餐桌，成为这个节日最大的主角。

　　据史料记载，元宵最早作为节令食品是在宋代，当时也称圆子、糖元等，主要是由糯米制作而成，中间包裹着各色馅料，有甜咸两种口味。甜馅一般用芝麻、豆沙、山楂、什锦等物，咸馅则有鲜肉、火腿、虾米等，种类丰富，味道各异。而除了常见的煮元宵、炸元宵以外，拔丝元宵因色泽金黄、外脆内软受到人们的一致欢迎；而用芥、葱、蒜、韭、姜五种蔬菜组成的"五辛元宵"，则寓意着勤奋、长久与向上；一种口味别致的"酒醉元宵"，是将煮熟的元宵中浇入沸腾的甜酒，吃起来甜蜜中略带丝丝酒香，为这个美好的节日又增加了一份情趣。

　　在民间故事之中，元宵与爱情有着千丝万缕的联系。传说八仙之一的吕洞宾曾在西湖边上叫卖元宵，一不小心，一只元宵落入水中被白蛇吞食，白蛇因此化身人形，上岸与许仙结为夫妻。

而另一种传说则称元宵与政治密切相关。相传袁世凯任总统时，发现"元宵"二字中有"袁世凯被消灭"的意思，于是下令全国将元宵改名为汤圆。

最为人们津津乐道的元宵传说则来自汉武帝时期。武帝有位宠臣名叫东方朔，其为人足智多谋、正义果敢，替皇帝解决了不少难题。有一天，东方朔在御花园中发现有个宫女在低声哭泣，经询问，原来这个宫女叫元宵，自从进宫以后，已经十年未见家人，眼看又一年新春将至，元宵由于思家心切，不由得哭了起来。东方朔看着这个可怜的姑娘，深深表示同情，他想出了一个好办法，帮助元宵与家人见上一面。第二天，东方朔扮作一个算命先生出宫，凡是找他算命的老百姓，得到的都是"正月十六火焚身"的签语。一时间，长安城内人心惶惶。消息传到皇宫后，汉武帝忙向东方朔寻求办法，东方朔假意想了想，说："听说火神最喜欢吃元宵，只要正月十五晚上做好元宵，供奉火神，再张灯结彩，弄得好像满城大火，这样就可以瞒过玉皇大帝了。此外，全城百姓都要从家中出来，以消灾避难，准保长安万事无忧。"汉武帝听后大喜过望，立刻传令全城做元宵、扎花灯。等到正月十五当天，家家户户都出来赏灯，汉武帝也带着全体宫人一同出宫，欢度佳节，宫女元宵终于和家人得以团聚。从那以后，吃元宵、赏花灯的习俗就自然而然地流传下去了。元宵成为了上元节的节日符号，更是团圆与甜蜜的最佳象征。

粽子——吉祥如意米中藏

欧阳修有诗云："五色新丝缠角粽，金盘送。"每到五月初五端午佳节，洁白清香、软糯可口的粽子总是家家户户必备的节令食品之一。蘸上一点儿白糖，咬一口热气腾腾的粽子，当糯米和红枣的清香弥漫开来，幸福和甜蜜的感觉也就油然而生了。

关于粽子的起源，可谓是五花八门。据史料记载，粽子最早在春秋时期就已经出现，不过其形似牛角，是祭祀祖先、神灵的供品，所以也被称为角粽。晋代以后，粽子成为食品流行于民间，又逐渐出现锥形、菱形等不同形状。宋朝时，粽子中被加入了杨梅、蜜饯等各种馅料，味道更加丰富多变。不过也有人认为粽子是农业生产的产物，由于人们在农忙季节无暇做饭，便将煮熟的白米包裹在竹叶里，以便随时食用。还有记载称将粽子投入水中，是一种祈求风调雨顺、人畜平安的巫术。当然，粽子最为人们所熟知的功用是为了纪念爱国诗人屈原。传说屈原因为救国无门而投江自尽，人们怕其尸身被鱼虾吃掉，纷纷把装有糯米的竹筒投入江中让鱼虾吃。这也是"筒粽"最初的来源。后来，屈原给人们托梦，说投入江中的米粮均被蛟龙所食，不如用艾叶和五色丝绳包裹饭团，因为这两种物品是蛟龙最为畏惧的东西。人们醒来后依照梦中的情形制作，慢慢演变成了今天的粽子。

粽子的口味南北不一，大多是北甜南咸，北方多用红枣做辅料，南方则食材广泛，豆沙、鲜肉、蛋黄等均可入粽。最出名的要数嘉兴粽子，由于当地糯米质量高，所以粽子"糯而不糊，肥而不腻，香糯可口，咸甜适中"。而在嘉兴粽子中，有一种由越王勾践发明的"越王粽"风味独特。传说，当年勾践战败被关入牢中，吴国大夫伍子胥为了及早除去后患，每天派人给勾践和范蠡送上一大桶不加盐的肥肉与白饭，二人连吃数天，渐渐体虚无力。正当勾践懊悔中计之时，狱中的一位老人拿出自己偷藏的梅干菜分给他们食用。吃了梅干菜配白肉、米饭，二人身体渐渐恢复了健康。后来，勾践获释，一举灭了吴国，他特意按照当年的情形制作好饭团，用叶子包裹，投入伍子胥自尽的江中，以不忘卧薪尝胆的牢狱生涯。而嘉兴当地的百姓知道后，也学会用米、肉和梅干菜制作粽子，取复国兴盛、富贵吉祥之意。

除此之外，粽子还有许多美好的含义。古代考试之前，有考生的人家会包一种被称为"笔粽"的细长的粽子，谐音"必中"，祝福考生能够妙笔生花，一举得中。而九子粽则是馈赠新婚夫妻的礼物，谐音"中子"，寓意尽快得子。而今天，人们也会在过年的时候吃上几枚粽子，只因"粽子"的"粽"与"挣钱"的"挣"发音相似，取其发财致富之意。总之，粽子作为一种传统节令食品，其独特的历史和美好的寓意深受大家欢迎。

月饼——中秋佳节庆团圆

每到中秋佳节，月饼便成为了各家各户餐桌上的主角。一家人围坐在一起，欣赏着天边皎洁的圆月，品尝着盘中金黄的月饼，其乐融融地聊着家常，不可不谓是人生快事。

在我国，月饼的历史可以追溯到殷周时期。相传武王伐纣之时，商朝太师闻仲制作了一种内加砂糖的糕点作为干粮，以备将士们行军打仗之用。由于这种糕点味道良好又方便携带，深受军士们喜爱，被大家称为"太师饼"。这可以算是月饼的雏形。及至汉武帝时期，张骞带队出使西域，将芝麻、胡桃等食物带回长安，这些食品作为馅料被糕点师们加入饼中，"胡饼"应运而生。而"胡饼"真正改名为"月饼"，得益于古代四大美人之一的杨玉环。相传在一个中秋之夜，唐玄宗与杨贵妃共同吃饼赏月，唐明皇认为"胡饼"之名不雅，杨贵妃望着空中明月，灵机一动，说："不如改叫月饼，如何？"唐明皇闻之大悦，当即昭告天下将"胡饼"改名为月饼。

月饼除了拥有此类风雅的传说，也曾担任过战乱年代的信使。相传在元朝末年，统治阶级贪腐无能，黎民百姓怨声载道。朱元璋准备带领各路力量发动起义，却一直苦于无法躲过官兵的搜查，将起义信息传递出去。正在朱元璋焦急万分之时，军师刘伯温想出了一个妙计，他建议朱元璋派手下连夜赶制大量面饼，同时将写有"八月十五夜起义"的字条放入饼中。面饼果然被顺利运送到各地起义军手中，每个队伍都对起义时间心知肚明。八月十五日当晚，朱元璋一呼百应，起义很快大获全胜。后来，朱元璋为了纪念战争胜利，专门让人依照原样制作面饼，赏赐给群臣，而又因中秋节历来就有赏月的习俗，所以这种食物也就自然而然地被称为月饼。

与此同时，月饼也与浪漫的爱情关系密切。传说嫦娥奔月后，其丈夫后羿相思成疾。某天夜里，一位仙人来到后羿的梦中，告诉他：只要在八月十五夜里，用面粉制作成圆月的形状，放置在屋内西北角，同时呼唤妻子的名字，嫦娥就可以从月中归来。后羿照做之后，果然夫妻团聚。后来，这种状似圆月的面饼就演变成了后来的月饼，自然而然也就成为了团圆的代名词。

实际上，民间原本就有在秋天祭月的仪式，月饼则是供品之一，后来人们将供品互相馈赠，包含了驱邪求吉的美好祝愿。时至今日，中秋赏明月、吃月饼早已成为中国重要的传统习俗之一，而月饼经过不断演进，也拥有了京式、苏式、广式、潮式四大派别。京式月饼口感清甜，苏式月饼松酥适口、广式月饼皮薄馅多、潮式月饼洁白细腻，每一种都各具特色，而其丰富、美好的内涵更是受到人们的钟爱，成为每年中秋节家家户户必备的节令食品。

腊八粥——年终岁尾的美好祝祷

每到农历十二月初八，家家户户都会制作一种特殊的节令食品——腊八粥。在寒冷的冬日里，全家围坐在一起，喝上一碗香甜软糯的粥，不仅驱走了寒冷，同时也形成了欢乐祥和的节日氛围。

在中国，腊八粥至少有一千多年的历史。据文献记载，它最初是天子用来祭祀神灵、祈求来年风调雨顺的祭品；也曾被用来供奉菩萨，当中要加入十八种干果，象征着十八罗汉；后来，有寺院自制腊八粥分发给穷人，谓之"佛粥"；而在河南，腊八粥又被称为"大家饭"，是河南民众用以纪念抗金英雄岳飞的食品。

据《燕京岁时记》记载，腊八粥是用黄米、白米、江米、小米、菱角米、栗子、红豇豆、枣泥等，混合在一起用开水煮熟，再撒上桃仁、杏仁、瓜子、花生、榛子、松子、葡萄干以及红糖、白糖等制成。而如今的腊八粥食材虽略有变化，却依然保持主要材料熬煮，最终形成一种香气扑鼻、营养价值极高的食品。通常，人们在腊月初七当晚就开始准备制作腊八粥的材料，浸泡稻米、清洗果蔬，给干果剥壳去核……经过精心准备和一夜熬制，第二天清晨掀开锅盖，大米、糯米洁白晶莹，红枣、花生色泽红润，全家围坐在一起，品尝腊八粥，说说家常话，冬天似乎也就在这热腾腾、甜丝丝的食物里变得不那么寒冷了。

关于腊八粥的传说，民间有多重版本。有故事称腊八粥是由明太祖朱元璋发明。儿时的朱元璋由于家境贫穷，曾在财主家帮工，受尽了虐待。有一年冬天，他在饥肠辘辘之时，突然发现墙角的鼠洞内有几把小米、大豆和红枣，就偷偷放进口袋，悄悄煮了一碗粥喝。等到朱元璋做了皇帝，依然对儿时那碗"救命粥"念念不忘，在腊月初八那天让御厨如法炮制了一碗。腊八粥因此得名。

也有人认为腊八粥实际源于一个教人勤俭节约的故事。传说一户人家有兄弟二人，由于他们游手好闲，所以没几年就坐吃山空了。这年岁末，家中实在没有粮食，两兄弟便分头去找，一个在墙角扫出了一把小米，一个在灶台下面搜出了几枚红枣，就这样，凑了几把五谷杂粮放在锅中熬煮。喝着这锅稀粥，想起父母在世时曾经说过要勤俭持家的忠告，兄弟俩万分悔恨，决心从此努力干活，再不懒惰。自此以后，二人同心协力，日子也一天天好了起来。而每年腊八时节，两兄弟都不忘熬上一锅粥，提醒自己不要再犯当年的错误。

如今，腊八粥代表着欢乐、喜庆和祥和，也承载着人们期待丰收、连年有余的美好憧憬。总之，其甜蜜的滋味、丰富的营养、美好的寓意受到人们广泛欢迎，并岁岁年年地流传至今，成为寒冬腊月不可或缺的美味佳肴。

食器——彰显食物之美

中国饮食文化博大精深、意蕴深远，但在珍馐玉馔之外，丰富多样的饮食器具同样吸引着人们的眼球。无论是日常所见的白瓷碗盘，还是博物馆中花纹繁复的青铜器皿，无一不蕴藏着厚重的历史与古老的文化。经历了几千年的岁月更迭，在中国人的餐桌上绽放着别样的光彩。

在中国食器发展史上，筷子无疑是一种极具智慧的发明。从商周到明清，其经历了象牙、青铜、木竹、金银等多种材质的演变，筷柄上还出现过诗词书画等艺术形式，具有了独特的审美价值。而在功用上，只需两根细长的条状物，食物便可以被轻松夹起并放入口中，这不能不让人拍案叫绝。更重要的是，筷子相比锋利尖锐的刀叉，给人一种温和宁静之感，似乎遵从着中国人一贯柔和婉转的处世哲学，所以也理所应当地成为了饮食器具的首要代表。当然，使用筷子也有诸多禁忌，如吃饭时不能用其敲击碗盘，因为只有乞丐才会如此；不可将筷子上下颠倒，否则容易给人一种饥不择食之感；而将筷子失手落地更是极其失礼的行为，古人认为祖先长眠于地下，掉落筷子会惊动祖先，是大不敬的做法。

勺子和筷子往往是配合出现的。早期的餐勺起源在新石器时代，有木质、陶制、骨质等多种材质。夏商周时期出现过铜勺，不过勺头偏尖，并不是目前我们所使用的样子。战国时期的勺子由尖锐变圆钝，柄变得更为细长。而秦汉时汤匙出现，往往由金、银、玉等多种贵重金属制成。到了宋以后，勺子的造型基本继承了唐代细柄舌形餐勺的传统，变得愈发实用和美观。

此外，碗也是人们日常所必需的饮食器皿。中国古代最常见的是瓷碗，其在不同时期的形制、纹饰也各不相同。宋代碗状如斗笠，元代碗高大厚重，明代碗则胎体轻薄、白底青花。而清代碗无论在哪一方面均胜过前朝，形状、釉色、纹饰丰富多样，工艺制作精巧细腻，让人叹为观止。不仅如此，随着社会变迁，如今的"碗"已然被人们赋予了更多美好的含义，"铁饭碗""金饭碗"等词语成为了判断职业成就高低与生活是否富足的标志。

我国游牧民族的饮食器具也颇具特色，如蒙古族人由于经常需要储藏携带奶制品和肉制品，所以器具容积要略大，又因其常常驰骋马背之上，所以食器材质需经久耐用。银制品、皮革制品是蒙古人的首选。所以，当我们看到古雅的银碗与粗粝的皮革酒壶同处一室时，不难想象这个民族的大气与豪放。

总之，食器在中国饮食史上占据着重要的位置，它们不仅作为必要工具存在于餐桌之上，更以自身的精致衬托着食物的美感。俗话说，美食不如美器。食物之美需要食器彰显，而食器之美则助推了饮食文化的繁荣。

烹饪方式——厨房里的智慧与情趣

相比西方的烹饪技法，中国人的餐桌上呈现出一种百花齐放、百家争鸣的态势。不仅是由于我国食材广泛，其制作方式也层出不穷、花样翻新。烹饪的发明，可以说是中华民族从蒙昧走向文明的界碑，而烹饪方式的发展与创新，更显示了中国人在厨房里的智慧与情趣。

当我们追溯食品制作的历史，不难发现，从新石器时代起，远古人就已经在思考如何烹调了。虽然当时的炊具仅是粗糙的陶罐、泥碗，食材种类也不够多样，烹调方式大部分是选用简陋的火炙或者石燔，但从中却能显示出人们对于食品加工的重视。

及至商周时期，由于原料的逐步充实和炊具不断改进，烹调技术也有了长足的进步。人们发明出烘、煮、蒸、糟等 10 多种方法来制作菜肴，口味上也有了极大改观。其中，"周代八珍"就是当时被发明并且影响深远的食物，它使用牛、羊、麋、鹿、猪、狗、狼、熊等动物作为原料，经过煨、烤、烧、渍、熬等多种技法制作而成，受到了历朝历代的效仿。

秦汉是中国烹饪历史上发展的一个高峰。此时的烹饪技巧已经不再满足于单纯地煮熟食物，而是向色、香、味的高度提出了进一步的要求。如用栀子花为食物染色，用红枣、蜂蜜给食物添加香味，用牛奶和面为菜品雕刻造型等。据《齐民要术》记载，彼时的烹调方式已经达到近百种，而油烹法的熟练应用制出了多种美味佳肴。事实上，油烹法是在春秋战国时期问世，同时出现的还有姜、蒜、肉酱等能让食物口味更加多元的调味品。这样一来，菜肴逐渐成为了餐桌上的艺术品，具有了独特的审美价值。

隋唐以后，包括食雕冷拼和造型大菜在内的工艺菜式大范围勃兴，唐宋时期流行雕刻瓜果蜜饯、进行花色拼盘。而明清时期，烹饪技法则逐渐趋于稳定，袁枚、蒲松龄等学者开始记录、书写与饮食相关的文章，整理烹饪技巧，形成了烹饪方法的文字记载。

如今，常用的烹饪技法主要有 24 种，如炒、爆、熘、炸、烹、煎等，广泛应用于我国的八大菜系与民众的日常生活之中。不过，少数民族的烹饪技巧则相对特别，比如云南山区的一些少数民族，由于家家有火塘，所以喜爱采用"焐"这种半烤半焖的烹饪方式，人们在临睡前将洋芋、红薯等物投入炭火，利用柴薪的余热将其加热成熟之后再食用。而白族则发明了一种被称作"隔"的烹饪技法，这是指先在铁锅上放上盐巴，通过加热盐来间接辐射传热，将食物炖熟食用的方法。白族人用这种方式来炖煮狗肉，形成了一种极具乡村风味和民族特点的食品。

总之，中国菜的烹饪方式不仅是民众日常经验的结晶，同时也是生活情趣的一大展现。从古至今，厨房里的智慧一直在不断地延续，与食器、食俗一起，成为中国人的生活中不可或缺的重要组成部分。

餐桌礼仪——舌尖上的中华文明

中华民族历史悠久，底蕴深厚，素来被称为礼仪之邦，在世界范围内享有盛誉。而餐桌礼仪作为其中重要一环，更是独树一帜，具有丰富的文化内涵。

古人认为，"夫礼之初，始于饮食"，饮食之礼的重要地位可见一斑。"食不言，寝不语"是人们几千年来一直传承并遵守的古训。"席不正，不坐"则展现了古代餐桌礼仪的严格规范。我国古代典籍《礼记》曾记录过聚会宴饮时食物的摆放规则：桌上的十六种菜肴分列四行，每行四个。骨类菜肴在左，肉类在右，饭食居左，羹汤居右，烧烤略远，佐料略近。林林总总，不一而足，足见其复杂的特性。

无论如何，餐桌礼仪都是我国精神文化的重要组成部分。《礼记》中曾记载了一系列进餐时所要遵从的行为规范：若是长者没有举杯，少者则不可饮酒；长者如赐予食物，少者无论如何也不能推辞；在与年长者同时进餐时，年少者必须等长者吃饱之后，再放下碗筷，吃饭时也要不能太过随意，要随时准备着回答长者的问题，否则是极不尊重的行为。

古代饮食还有诸多禁忌。如不可抟饭大口进食，不可无所顾忌地大嚼大咽，咀嚼时不能发出声响，吃饭时不要唉声叹气等。如果小孩子不小心把筷子插在米饭上，往往会受到家中长辈的阻止或呵斥，这是因为祭祀礼制规定，给故去之人献祭时，饭碗上才会竖插筷子，平时这样做则被视为是不吉的象征。而在沿海地区，吃鱼时不会用筷子将整条鱼翻转到另一面，因为渔民出海忌讳与"翻"相关的词句或行为。至于菜肴的数量也往往以双数为主，只有白事之后才会举行有七碟菜品的酒宴。

当然，不同民族也有别具一格的餐桌礼仪。如汉族人待客讲究座次，一般以左为尊，视为上座。斟酒时先客后主，女士优先。上菜时先冷后热，正面面向主客。而维吾尔族在吃手抓饭前一般要用水净手，饭后客人要等主人收拾好餐具再离席。珞巴族进餐时主人会先自饮一口酒、吃一口饭菜，表示食物无毒，客人可以放心食用。其中，蒙古族的餐桌礼仪最具地方特色，客人进门时，主人会倒上一杯奶茶，客人要双手或右手去接，若是用左手则是不礼貌的举动。如果客人不想喝茶，只需要用碗边轻敲壶嘴或勺子，主人就会明白。饮酒时，客人不可不喝主人所敬之酒，否则便会被视为不够真诚，接到酒后还要先敬天、敬地、敬火神，以示对神灵的尊敬。吃烤全羊时，通常是客人或者长者先动刀，主宾再一同进餐。

　　餐桌礼仪使宴饮过程和谐有序，使日常饮食具备独特的文化内涵。在餐桌之上，主客觥筹交错、其乐融融，情感得以传递，身份得到认同，总之，丰富多彩的餐桌礼仪展现了博大精深的中国饮食文化，成为舌尖上独有的中华文明。

第五章

服饰习俗

汉服——服章之美　华夏礼仪

　　"有服章之美谓之华，有礼仪之大故称夏。"中国自古享有"礼仪之邦""衣冠王国"的盛誉，"衣冠"成为"文明"的代名词，服饰成为礼仪最直观的体现。其中，历史悠久、文化内涵丰富的汉服，则成为服饰中的典型代表。

　　广义上讲，汉服是对汉族传统服饰的统称。它由"黄帝尧舜垂衣裳而治天下"发展而来，随着汉民族的形成而确立，是汉朝人根据周礼和儒家教义制定的一套服饰体系。一直到清代以前，历代的汉族服饰基本上沿用了这一体系。一套完整的汉服在衣裳、冠帽、鞋履、配饰、发饰方面都很有讲究。根据性别、年龄、身份、场合的不同，汉服的具体形态也各不相同。

宽大飘逸、线条柔美、典雅含蓄，是汉服给人最直观的视觉感受。宽衣大袖、交领右衽、系带无扣是汉服的主要特点，基本形制为"上衣下裳"，主要有冕服、深衣、襦裙等类型。其中，上衣下裳的冕服、朝服为帝王百官最隆重正式的礼服。深衣为百官士人的常服，也就是上衣下裳连为一体的袍服，因其"被体深邃"，使身体藏而不露而得名。深衣又分为直裾和曲裾，男女均可适用。深衣既能用作礼服，又可以日常穿着，是非常实用的服饰。襦裙为女子的日常着装，上衣为襦，下身为裙，主要有齐胸襦裙、齐腰襦裙和对襟襦裙等。汉乐府《陌上桑》中，采桑女罗敷就是身着襦裙，"缃绮为下裙，紫绮为上襦"，是汉代女子的真实写照。普通劳动者一般上身着短衣，下穿长裤。

汉服讲究"衣正色，裳间色"，上衣颜色端正纯一，下裳色彩交错。色彩以深色为贵，浅色次之，因此正式的礼服常使用深色为主色调，装饰以鲜艳华丽的刺绣。面料主要有棉、麻、绫、罗、绸缎等，并且注重面料上的纹章图样，纹样与汉人的文化意象密切相关，如天地中的日月星辰和群山、阴阳八卦、动物图案等，寓意着尊贵和吉祥。

汉服是华夏礼仪的重要组成部分，在宗法制度的背景下，汉服在方方面面体现着古人的等级观念。汉服具有昭名分、辨等威、别贵贱的作用。国家礼仪大事有吉礼、凶礼、宾礼、军礼、嘉礼等，普通百姓则有冠礼、婚礼、丧礼和祭礼之分。例如在成人礼中，男子要行冠礼，女子要行笄礼，除了发饰有所改变，还要穿戴相应的冠服。

汉服对周边民族及亚洲其他国家的服饰产生了深远影响。鲜卑族、日本、朝鲜、越南等国的传统服饰，均对汉服有所学习和借鉴。

汉服在清朝实行"剃发易服"制度后逐渐衰落，仅在僧道、优伶、婚礼、丧礼等方面对汉服有所保留。21世纪初，随着中国国力发展，人们的文化意识逐渐觉醒，开始审视传统文化中的精华部分，汉服一度得到追捧和复兴，社会上出现了名噪一时的"汉服运动"，主张恢复汉服传统礼仪的声音，在今天依然不绝于耳。随着人们对汉服的认识和了解，相信汉服会以其强大的内在生命力得到更多人的喜爱。

唐装——大唐气象的回响

每年 APEC 会议期间，领导人的着装都会成为一道亮丽的风景线，甚至成为一种潮流。2001 年上海 APEC 会议期间，亚太地区领导人身穿一款中式服装，一经亮相，便在海内外华人中流行开来，这就是唐装。

唐装一词，大体有两层含义：一是指唐代人的服装；二是泛指中式服装，主要受到海外"唐人街""唐人"等概念的影响，是海外对现代中式服装的通称。确切地说，2001 年上海 APEC 会议期间的服装被称为"新唐装"，它以清朝的满族马褂为基础，主要特点为立领、对襟、接袖和盘扣，其新颖之处在于，经过重新设计，既保留了传统服装的古朴风韵，又突出了现代服装的简洁轻便，融入了很多现代时尚的美感。

从唐装、唐人街等说法可以看出，唐朝文化在世界范围内影响深远，其中，服饰最能体现唐代多元开放的文化特点。唐代男子服饰在延续汉服交领、对襟的基础上，多了新的款式，其一是幞头，其二是圆领袍衫。幞头是一种包头的软巾，是隋唐时期男子首服中最普遍的样式，也就是后代俗称的"乌纱帽"。圆领袍衫分为窄袖和宽袖两种样式，窄袖便于活动，宽袖潇洒华贵。唐朝女装整体上华丽大气，基础款式为襦裙服，女子上穿短襦，下着长裙，外面套有宽大飘逸的罩衫，可谓是"坐时衣带萦纤草，行即裙裾扫落梅"。盛唐时期的女装流行低领，出现袒胸露臂的特点，抹胸和裙子结合为一体，不系腰带，宽松自然，唐诗中"慢束罗裙半露胸"的句子，就是对唐代女子着装的写照。周昉的《簪花仕女图》也是对唐朝女子真实的描绘。

唐朝不仅有汉族服饰，还流行西域的胡服。上戴浑脱帽，身着窄袖紧身的翻领长袍，下着长裤，足蹬高脚靴，是典型的胡服搭配。胡服的流行主要和当时胡舞的盛行有关，唐人喜欢跳胡舞，据说唐玄宗、杨贵妃都是"善胡舞"的能手，因而胡旋舞、胡腾舞等在民间也非常盛行，"浑脱帽""时世妆"成为一时风尚。

唐代服装还对邻国产生很大的影响。日本和服从色彩上大大吸取了唐风汉服的精华，朝鲜服也从形式上承继了唐服的长处。唐装的用料主要是丝织品，造就衣物柔软飘逸的质感。唐装大胆吸收中亚、西亚、北方和西域等外族服饰的特点，奇异多姿，富丽堂皇，成为中国古代服饰中的一朵"奇葩"。

无论是古代唐朝的服饰，还是现代的新式唐装，大唐风范已经成为海内外华人相互认同的文化特质。新唐装虽然和古代唐装内涵不同，但在今天同样出现在官方会议、节日庆典、人生礼仪等重要场合，具有了民族服饰的意义。唐装作为一种广义的文化概念，已经和祖国的历史、命运和文化密不可分。

中山装——中国特色的制服

纵观中国历代服饰体系，以人名命名的并不多见，而中山装是为数不多的以人命名的制服样式。1912 年中华民国成立，延续了两千多年的帝制时代宣告结束。作为中华民国主要的缔造者，孙中山在着手建立现代国家制度之外，还对国民服饰进行了改造，并形成了一套颇具特色且影响深远的现代制服样式，这便是中山装。

实际上，在孙中山设计中山装之前，西服已经传入国内，并在很多精英群体中得到认可。对此，他认为，"西服虽好，不适应我国人民的生活，正式场合会见外宾有损国体。传统服饰，形式陈旧，又与封建体制不易区别。"基于此，他开始自行设计有中国特色的制服样式。孙先生曾经留学美国，又曾在日本、东南亚一带长期进行革命活动，早年的经历给予他很多灵感。他所设计的中山装，充分借鉴了西服制式，并以当时南洋华侨的"企领文装"为基础，加以翻领而成。

最终定型的中山装为对襟式制服，有五个纽扣，反折式小立领，衣前上部和下部左右各有一个贴袋，四个口袋均有袋盖，其中上部的贴袋较小，而下部贴袋较为肥大。袖子与衣身分裁，袖口各有三粒纽扣。从外观看，这种制服样式既不失儒雅大方，又将中国传统文化中的内敛持重融会其中。从面料上看，既可以是高级面料，也可以是一般面料，具有很大的普适性。

在中国传统文化中，服饰一直被赋予丰富的精神和文化象征，中山装还被赋予了除旧立新的政治内涵。按照当时学校教育所解释的，中山装的四个口袋表示国之四维，前襟五个纽扣表示五权宪法，而袖口三个扣子表示三民主义。中山装的问世，是对此前封建社会沿袭下来的对襟式短褂、大襟式长衫的一次重大变革。

从最初设计到最后定型的二十多年时间里，中山装得到了社会的广泛认同，并被赋予"国服"的美誉。到 1949 年新中国成立后，在以毛泽东为核心的老一辈无产阶级革命家倡导下，中山装得到进一步普及，并以此为基础形成了盛行一时的"毛式制服"。直到现在，中国现代军服仍然是以中山装为基础设计的，每逢重大军事活动，军委主席都会着新式中山装接见军队干部和军人，其生命力由此或许可见一斑。

中山装的出现，改变了中国人对服装的审美习惯与实用标准，中山装不仅作为一种政治服装而流行民国时期，而且作为中西文化融合的服装而深受国人喜爱，中山装的推广与流行与近代民族国家建构进程一致，其精神文化内涵更是融汇了现代中国人的性格特征和符号象征。

四大名绣——针线上的中国

中国服饰文化源远流长，《荀子》中有成语"黼黻文章"，指的是古代礼服上所绣的色彩绚丽的花纹。《尚书》中记载"衣画而裳绣"，是指上衣要有画作为装饰，下装要有刺绣进行装点。可见，刺绣早已成为中国服饰文化的重要元素。经过长期的发展，具有浓厚地方特色的苏绣、粤绣、湘绣、蜀绣，被称为中国"四大名绣"。

苏绣，是苏州地区刺绣产品的总称。其技法可归纳为"平、光、齐、匀、和、顺、细、密"八个字。"平"指绣面平展；"齐"指针脚齐整；"细"指用针细巧，绣线精细；"密"指线条排列紧凑，不露针迹；"和"指色彩调和；"光"指色泽鲜明；"顺"指丝缕畅顺；"匀"指线条精细均匀，疏密一致。在多种多样的绣品中，双面绣"小猫"和"金鱼"已经成为苏绣的经典作品。

粤绣流传于广州一带，其特点有：一是用线多样，除丝线、绒线外，还用孔雀羽捻缕作线，或用马尾缠绒作线；二是用色明快，对比强烈，讲求华丽效果；三是多用金线作花纹的轮廓线；四是花纹繁缛丰满，热闹欢快；五是绣工多为男子，绣品少有温柔秀媚之气。典型的粤绣图案有孔雀开屏、百鸟朝凤、三阳开泰、松鹤猿鹿、龙飞凤舞等。

湘绣，是以湖南长沙为中心的刺绣工艺。已出土的长沙楚墓和马王堆汉墓均有对刺绣织物的发掘，说明早在春秋战国时代，湘绣已经有较高的技艺。湘绣擅长以中国画为蓝本，以针代笔，以线晕色，巧妙地运用国画手法，将绘画、诗词、书法融为一体。湘绣注重传达绣品的内在特质，讲究形神兼备，有"绣花能生香，绣鸟能听声，绣虎能奔跑，绣人能传神"的美誉。典型的湘绣题材有老虎、狮子和松鼠等。

蜀绣流传于四川成都一带，它历史悠久，汉朝专门设置了"锦官"对其进行管理。东晋常璩在《华阳国志》中将蜀绣看作蜀中之宝。蜀绣讲究"针脚整齐，线片光亮，紧密柔和，车拧到家"（车，指由中心起针，向四周扩展；拧，指长短针从外向内作添针或减针的处理）。北京人民大会堂四川厅的巨幅"芙蓉鲤鱼"座屏和蜀绣名品"蜀宫乐女演乐图"挂屏、双面异色的"水草鲤鱼"座屏、"大小熊猫"座屏，都是蜀绣的代表作。

2006年，四大名绣被列入第一批国家级非物质文化遗产。2010年，在沙坪镇联合启动"四大名绣联合申报世界非物质文化遗产"。四大名绣以其悠久的历史和精湛的技艺，已经成为中国文化的象征。此外，在广袤的中国大地上，还有鲁绣、顾绣、苗绣等丰富多彩的刺绣样式，作为中国文化的瑰宝，它们都在讲述着"针线上的中国"。

旗袍——中华服饰的一张名片

电影《花样年华》中，张曼玉饰演的女主人公前后通过 26 款不同的旗袍，展现出片中人物细微的心理变化。风行于 20 世纪 20—40 年代的民国旗袍，无疑是中国女性钟爱的服饰。从名媛宋氏三姐妹、张爱玲，到影星胡蝶、阮玲玉，很多社会名媛和电影明星身着旗袍，成为女性优雅时尚的象征。

旗袍最初是满族人的服装，有"旗女之袍"的含义。1644 年满族入关后，满汉服装逐渐趋于统一，旗袍成为清代通用的女装。辛亥革命以后，随着社会风气的日渐开放，人们开始对旗袍进行改良，由最初的宽腰直筒式逐渐变为凸显女性身材的款式。在继承盘扣、绲边、镶边等传统工艺的基础上，通过收腰、窄袖、缩短袍长、开衩等剪裁技术，改良后的旗袍注意展现人体的肌肤和曲线美，逐渐跳出"旗女之袍"的局限，成为"中西合璧"

的服装样式。

民国旗袍的流行与当时女性追求男女平等的现代化思潮有关。张爱玲在《更衣记》里提到："五族共和之后，全国妇女突然一致采用旗袍……是因为女子蓄意要模仿男子。她们初受西方文化的熏陶，醉心于男女平权之说……"旗袍体现了当时女性自我意识的觉醒。旗袍的出现与当时的男装也有一定的关系，随着中山装作为新式男装的出现，旗袍也成为与之相得益彰的女装样式。

新式旗袍具有雅俗共赏的特点，一经形成就迅速在上海、北京、天津等大城市流行开来。20 世纪三四十年代是旗袍的黄金年代，旗袍几乎成了中国女性的标准服装。旗袍老少皆宜，每个年龄阶段的女性都可以找到适合自己的那款旗袍。它的面料可以是绸缎，也可以是棉布；装饰可以繁复华贵，也可以朴素清新；可以作为礼服，也可以作为居家常服；还可以根据季节变化分为长旗袍、短旗袍、单旗袍、夹旗袍等。

旗袍在 20 世纪六七十年代遭遇短暂的冷落，改革开放以后重新受到青睐。如今，旗袍在外交接待、文艺晚会和晚宴庆典等社交场合广泛适用。就世界范围看，旗袍已经成为中国元素的代表。领导人夫人出席外事场合要身着旗袍。在 2014 年北京 APEC 会议中，旗袍被选为各国领导人夫人的服装。2015 年 5

月 16 日，一场盛大的旗袍秀在全球范围内展开，15 万华人身着典雅的旗袍，挑战人数最多的旗袍秀吉尼斯世界纪录。

2011 年，旗袍手工制作工艺成为国家级非物质文化遗产。旗袍的传承不仅是对服饰技艺的传承，更体现了传统文化中女子贤淑、端庄的气质与美德，在推动中国传统服饰文化方面具有重要的意义。旗袍已经成为中华服饰文化的一张名片，它将在国际舞台继续彰显东方美学的独特韵味。

维吾尔族服饰——绚丽多彩的民族风情

20 世纪 60 年代，一曲宛转悠扬的《花儿为什么这样红》，让更多内地人认识了维吾尔族——这个世代聚居在天山南北的古老民族。维吾尔人能歌善舞，其别具民族风情的服饰体系随着舞者婀娜多姿的身躯翩翩而动，让看过的人无不啧啧称奇。

维吾尔族是一个爱花的民族，衣袜鞋帽无不绣有富有地方特色的花纹图样。在服饰上绣花是维吾尔族传统服饰最醒目的特点之一，不仅女式服装的领口、胸前、袖口、肩部、裤脚等处绣花，就连男子穿的衣服上也绣有各式花纹。从服饰色彩上来看，维吾尔族传统男子服饰多用黑、白布料或蓝、灰、白、黑等各色绸缎料制作,讲究黑白对比鲜明;维吾尔族传统女性服饰则色彩明快,绚丽多姿。

维吾尔族无论男女都喜欢戴帽子,其传统帽子称为"巴西克依木",主要分为皮帽、单帽和花帽三种。其中花帽最具民族特色,不同地区、性别、职业、年龄的人群所戴的帽子花式多样,各有分别。如南疆地区的维吾尔族人多喜欢戴黑底白花的饰以巴旦木杏核图案的巴旦木花帽;吐鲁番地区的维吾尔族男女老幼则喜欢红花绿叶装饰的吐鲁番花帽;知识分子多喜欢戴以米字为骨架呈菱形格局的奇曼花帽,又称"奇曼塔什干朵帕";未婚女子或者年轻少妇则多喜欢戴看起来像地毯绒面的格莱姆花帽;已婚妇女多戴纹样相对简单的五瓣花帽。除了爱戴帽子之外,维吾尔族女子戴头巾的也很多,头巾的扎戴方式也很特别,一般来说,冬季戴毛料头巾,巾角叠放胸前,然后穿外衣将头巾压住;夏季戴的丝、纱类头巾,巾角向后系于发根之下。

就衣服而言,维吾尔人多喜爱无领无扣的袷袢。袷袢是一种长袍,其长度过膝,无领斜 ,靠带子系在腰间。袷袢分为单、棉两种,夏天多穿白色单袷袢,冬天则穿黑色棉袷袢。腰带以方形为主,带中可存放食物及其他零星物件,可以随用随取,十分方便。男式袷袢的样式主要包括叶科泰、且克满、长袍、大衣、短袄、无袖上衣、坎肩等。女士袷袢的衣领一般直达胸部,衣服长度可达脚踝处，襜边长度约为 35 厘米，没有口袋也没有纽扣。男子的裤子多为大裆裤，多用布料或羊皮、狗皮制作，女子多喜欢穿用艾德莱斯的绸缎制作的连衣裙，这种连衣裙一般长至脚踝，裙子颜色多为红、绿、蓝、黄等，色彩对比鲜明。

维吾尔族传统服饰从色彩线条到结构形式的许多独特之处，具有鲜明的民族特色，给人以视觉上强烈的美感。在长期的社会实践活动中，维吾尔人根据自己的审美观念对维吾尔族服饰加以创造，凝结着维吾尔人的精神与智慧。

壮族服饰——壮族文化的宝库

闻名天下的壮锦，与云锦、蜀锦、宋锦并称为"中国四大名锦"，精美的壮锦造就了丰富多彩的壮族服饰文化。

壮族男子通常穿青色或黑色的布衣，在盛大的节日场合要身着红装，腰中系有黄丝腰带。过去人们还常以尺帕缠头，有的在头顶用黑布带扎成两个牛角状，特点十分鲜明。现在很多壮族的年轻人已经开始穿汉族服饰，但在边远山区或每逢传统节日，依然会有人用黑布裹头，身着传统服饰。

壮族女子服饰端庄得体，朴素大方。女子上衣多为右衽无领阑干衣，下身穿长裤，裤外套短裙，均用五色绒线绣上花纹图案，也有人用蜡染将花纹图案印在裙子上。壮族未出嫁的女子喜欢蓄长发。结了婚的妇女则喜欢梳龙凤髻，并用银制或骨质的横钗作为头饰，称为"凤头大髻"。

壮族有一支以黑色穿着作为民族标记的支系，人们称为"黑衣壮"。黑衣壮保留着最为传统的壮族服饰。其中，女子服饰特点最为鲜明。黑衣壮女子上衣长及腰部，下摆左右两侧开衩，两角上收呈弧形，周边用彩线锁成一道花边，袖口和襟领均有一道浅色的布边作为修饰。女子下衣为长裤，长至脚踝，裤脚较为肥大。长裤外套有百褶裙，裙长及膝，一般为青色布料缝制而成，以浅色布料作裙头。这种装束，从上到下明显分为三层，因此又被称为"三层楼"。黑衣壮成年妇女要盘发髻，并在发髻上插上成套的银饰。黑衣壮妇女还有布巾缠头的习惯。头巾大致有三种：第一种是白色小头巾，两端织有黑色条纹，有穗状"流苏"；第二种为青布吊穗头巾，两端编织吊穗；第三种是青布蜡染大头巾。

在壮族传统习俗中，服饰还经常被当作礼服进行馈赠。在新生儿"三朝"时，外婆专门赠送绣花或织锦背带，还要对唱《背带歌》："荞花菜花遍地开，蜜蜂飞去又飞来。金路银路米花路，外婆带得背带来。"壮族服饰还常常作为情人间互表心意的信物，每逢三月三歌圩节，桂西一带的姑娘会用赠送布鞋的方式来表示爱情。如果一双新布鞋将留下的线头打成死结，两鞋连在一起，表示生死相连，永不分离；如果线头打活结，则表示自己已有对象或者对男方不中意。

壮族服饰是中国服饰文化宝库中的一颗璀璨明珠，其风格独特、工艺精良、历史悠久，是壮族人世代相承的传统。广大壮族劳动人民，凭借心灵手巧，将自己的思想情感和审美趣味融入到服饰中，使壮族服饰具有了质朴、永恒的魅力。

蒙古族服饰——来自草原的赞歌

蒙古族被称为"马背上的民族"。千百年来，生活在草原上的蒙古族人民，创造出了绚丽多彩的蒙古族文化，传统的蒙古族服饰便是其中之一。

长期的游牧生活决定了蒙古服的基本款式带有浓郁的草原风格。男装浑然大气，女装精美艳丽，加上五彩缤纷的配饰，总体表现为自由奔放而不乏精雕细琢的沉稳风格。传统的蒙古族服饰一般包括袍子、帽子、裤子、靴子以及其他饰品。袍子，又称蒙古袍，是最常见的蒙古服。蒙古族男女老少普遍喜欢穿袍子，在牧民中流传着"白天当袍子，晚上当被子"的说法。

蒙古袍讲究颜色对比，颜色以红、蓝、绿、粉、白、青、紫等较为鲜艳的色彩为主，与蓝天白云相映衬，显得格外亮丽。在蒙古大草原上极目远眺，在远处青草白羊之间，不难看到穿着色彩鲜艳服饰的牧民。很多时候，牧民正是从服饰的颜色上来远距离判断他人的性别和身份。

蒙古袍款式多样。男式蒙古袍可分为带有马蹄袖和不带马蹄袖两种。带有马蹄袖的袍子一般在节假日和庄重场合时穿着。据说，马蹄袖是清朝强制推广的一种标志性装饰，其意在于放下来两手撑身磕头时，人就像马一样，以此表达"效忠犬马之力"。女式蒙古袍有立肩和平肩两种，在蒙古民间有一种说法，认为蒙古人有朝气是因为天生在两肩上亮着圣灯，立肩就是圣灯的台子，有了"台子"圣灯才长明不灭，时至今日，在一些隆重的场合上，依然会看到有女子穿着立肩蒙古袍。

蒙古高原东西绵延数千里，造就了各地不同的蒙古袍。如生活在锡林郭勒盟的乌珠穆沁蒙古人，袍服款式肥大、色彩绚丽，以镶边工艺著称，头饰古朴、华贵；而生活在哲里木盟的科尔沁蒙古人，在长期的生活中创造出了活泼的说唱艺术和安代舞，袍服外套有大襟长坎肩、头饰为簪钗组合，服饰多选用各种花卉、鱼纹等刺绣图案进行装饰，十分精美。

在蒙古族服饰中，腰带是不可或缺的部分。宽大的腰带系在腰间，既能保护内脏少受颠簸，又能充当兜袋，放置一些小物品。腰带一般用丝绸、皮料等制作，长度从四五米到十几米不等。蒙古族的帽子种类多样，较为常见是织锦边、四周有耳檐的"四片瓦"毡帽，以及用白羔皮或精致毛毡做成的喇叭形高筒状"扎拉帽"。

蒙古族服饰是中华民族服饰体系中的重要组成部分，是千百年来蒙古族人民智慧的结晶。绚丽多彩的蒙古族服饰像一首赞歌，向人们诉说着古老而灿烂的草原文化。

回族服饰——穆斯林文化的载体

从历史上看，回族服饰文化是在回族形成过程中逐渐完善的。自唐朝起，阿拉伯商人就通过丝绸之路来到中原地区经商，他们所穿的"胡服"甚至一度影响了唐代汉人的服饰体系。经过唐宋的发展，带有阿拉伯色彩的"胡服"逐渐加入了中国传统服饰的元素，最终在元代，随着回族的形成而自成一体，回族服饰得以形成。经过数百年的发展变化，时至今日，回族服饰已经融入到了现代服饰体系中，许多回民已经不再着传统服饰，不过在西北回族地区的阿訇、毛拉等职业宗教者那里，回族传统服饰仍然在延续。

虽然受多民族文化的影响，传统回族服饰发生了一些变化，但总体而言，其宗教色彩依然十分明显。从颜色上看，传统回族服饰体系崇尚白色，以白色、黑色、绿色为主。根据伊斯兰教教义规定，男子肚脐以下膝盖以上，女子除手掌和脸部以外，都是羞体，需要遮掩。因此传统回族服装，尤其是女子着装，形成了注重长而密的审美服饰特点。

在西北回族地区，女子都有用纱巾遮头的习惯。一般情况下，纱巾从头顶垂至两肩，把耳朵、头发及脖子都遮在里面。过去回族女子服饰中还曾十分盛行"大襟上衣"，这种服饰样式比较单一，领口、襟边、袖口上都有压线、滚边和镶色，还有一些年轻女子喜欢在胸前大襟上绣制各种图文饰样，色彩艳丽，具有鲜明的民族风格。男子普遍喜欢戴无檐小白帽，当地称为"顶帽"，还习惯穿白衬衫外面罩以黑色坎肩。这种黑白分明的服饰体系，显得干净利落，成为典型的回族男子服饰。在过去，回族男子还经常穿"准白"，"准白"就是白色长袍，不过现在除了阿訇、毛拉等职业宗教者在仪式中作为礼服外，已经很少有回族男子这样穿了。

回族服饰文化一方面受到伊斯兰教教义的影响，另一方面又在中国传统服饰文化的潮流中接受着冲刷和洗礼。它是世界穆斯林服饰文化的一部分，同时又是中国民族服饰文化的一部分。回族服饰凝聚着回族人民数百年来的智慧，是民族文化和人类服饰的有机结合。随着时代发展，回族服饰将以新的面貌继续展现民族传统与时代潮流相结合的文化内涵。

藏族服饰——雪域高原上的格桑花

在"世界屋脊"青藏高原地区，古老的藏族在这里繁衍生息。藏族人创造了丰富灿烂的藏族文化，其中，绚丽多姿的藏族服饰成为藏族文化的典型代表。

考古资料表明，早在四千多年前，就有藏族先民生活在这雪域高原上。不过，在很长一段时间里，藏族先民的穿着都十分简朴。相传藏王松赞干布建立吐蕃王朝之后，极大地改善了藏民的服饰体系。之后，在上千年的发展历程中，藏族服饰深受内地各民族服饰影响，逐渐形成了一套富有民族特色的藏族服饰体系。

藏族传统服饰以藏袍为主，强调袍子的宽松和厚重，肩、袖、襟富于变化。这种服饰在很大程度上适应了青藏高原地区气温较低的自然环境，结构肥大，在夜间可以和衣而眠，可以当被子；袍袖宽敞，能够使臂膀伸缩自如，白天气温回升时，可以露出一边的臂膀，调节体温。久而久之，脱下一只袖子就成为藏族人的穿着习惯。

藏族传统服饰色彩运用往往恰到好处，红、绿、橙、蓝、黄、紫等色彩相互搭配，并巧妙选用复色，黑白、金银线佐衬，从而取得极为醒目却不失和谐的艺术效果。不过，藏族民众的日常服饰以白色为主，白色被认为是神灵的象征。他们的外装虽然多彩色，但贴身内衣为白色，象征着吉祥。洁白的哈达因此也成为藏族人最珍贵的礼物之一，相互赠送以表达真挚友好的情感。

青藏高原是藏传佛教的主要传播地，藏族人的日常生活深受藏传佛教的影响，传统的藏族服饰也不例外。许多藏族人将"报身圆满服饰十三事"（是指如来报身像的十三种服饰：五佛冠、肩披、飘带、裙子，为绫罗五衣；头饰、耳环、项链、臂钏、璎珞、手镯、指环、足镯，为珠宝八饰。共为十三饰）作为追求目标，同时要佩戴护身盒"嘎吾"，内装有小佛像、经书或圣物。另外，藏族人也经常使用具有佛教色彩的万字纹和十字纹，绣于服装的背部或胸部以表达吉祥。

藏族传统服饰还以豪华著称，有的甚至已经突破日常生活的实用功能，转向对审美功能的追求。这一点在配饰上表现得尤为明显，许多配饰原来都是日常生活用品，随着时代的发展，物质生活水平的提高，它们逐渐变成了饰品，如藏民腰际所悬挂的钩镰状"罗绒"，原是妇女挤牛奶时，为防止牛踢翻奶桶而将其挂于腰间的工具，现在男女均将其作为重要的腰饰。"罗绒"一般用藏银制作而成，上面嵌有绿松石等宝石，处处透露出华贵的气息。

藏族服饰的美是令人惊叹的，就像雪域高原上一朵盛开的格桑花，鲜艳夺目。它粗犷而不失厚重，华美而不失质朴，繁缛而不失生动，是祖国民族服饰中一枝瑰丽的花朵。

第六章

游艺习俗

舞龙——中华民族文化的象征

　　舞龙，俗称"玩龙灯"，是我国民族传统体育项目之一。每逢喜庆节日，尤其是在元宵节期间，很多地方都有舞龙的习俗。而随着华人移民到世界各地，舞龙文化已经遍及世界各地的华人集中的地区，成为了中华文化的一个标志。

　　舞龙时，龙跟着绣球做各种动作，或腾跃，或滚动，或盘起，或穿插，不断地展示扭、挥、仰、跪、跳、摇等多种姿势。渐渐地，舞龙成为了人们表达良好祝愿、祈求人寿年丰必有的形式。尤其是在喜庆的节日里，人们更是手舞长"龙"，宣泄着欢快的情绪。而这种气势雄伟的场面，极大地刺激了人们的情绪，振奋和鼓舞了人心。因此，舞龙成为了维系中华民族传统文化不可缺少的乐章，也体现了中国人民战天斗地、无往不胜的豪迈气概。

龙在中国文化中被尊为四灵（龙、凤、麟、龟）之首，象征着吉祥、权威和力量。舞龙的繁盛，一来是人们借舞蹈的形式表达对龙的崇拜之情；二来也是因为舞龙与中国传统的民俗活动密不可分。

舞龙起源于原始的求雨祭祀活动。在一个靠天吃饭的农业社会里，适度的雨水可以说是幸福之源，而龙则被认为是"九江八河五湖四海行雨之神"。因此，每逢大旱之时，人们便会举行各种不同的求雨仪式，而最具代表性的就是晒龙王、盗龙王、龙像巡回和取龙泉水四种，且这些仪式大部分都有舞龙的参与。

除了求雨之外，舞龙还广泛存在于汉代盛行的"百戏"中，其中最为精彩的就是"鱼龙曼延"，讲的是一个鱼变龙的故事，表达了古人对于驾驭自然的美好愿望。

大约在东汉时期，元宵节上开始出现了专供人们欣赏的龙形灯饰。到了清代，龙灯与舞龙相结合，为人们增添了欢乐、热闹的气氛。而由于"灯"与"登""丁"谐音，舞龙灯在民间也有繁衍后代的含义。因此，"摸龙灯""摸龙须""摸龙角"就成为了寄托妇女受孕愿望的习俗。"妇女绕龙可受胎，痴心求子亦奇哉；真龙不如纸龙好，能作麒麟送子来。"这大概就是麒麟送子说法的来历吧。

舞龙既是体育竞技，又是娱乐表演，更是一种文化展示。如今，在我们祖国这个多民族的大家庭里，"龙"已成为整个中华民族的象征，而舞龙也已成为全中华民族光辉历史的一部分。

拔河——展现英雄胆的角力

拔河是人数相等的双方对拉一根粗绳以比较力量的对抗性体育娱乐活动，起源于中国的春秋战国时期。

拔河在中国古代称为"牵钩"，最初主要用以训练兵卒在作战时钩拉或强拒的能力，后来被水乡渔民仿效，成为一项民间体育娱乐活动。

据记载，当时的楚国地处大江南北，水道纵横，除陆军外，还有一支强大的水军舟师，并曾发明一种称之为"钩拒"的兵器，专门用于水上作战。当敌人败退时，军士以钩拒将敌船钩住，使劲往后拉，使之逃脱不了。后来，钩拒从军中流传至民间，演变为拔河比赛。唐宋以后，拔河渐在民间盛行。据说，唐玄宗时曾有过千人参加的拔河比赛活动。

古代参加拔河的人数比现在多得多。大绳正中插一根大旗，旗的两边画两条竖线，称为河界线。比赛时，以河界线为胜负标志，所以把"钩拒之戏"改称为"拔河"。一声令下，河界两边选手紧挽绳索，"使相牵引"，围观者"震鼓叫噪，为之鼓劲"，场面蔚为壮观。

近代学堂出现之后，拔河被列入教学与课外活动内容。新中国成立后，拔河活动更为普遍。特别是在节假日里，机关、工厂、学校、部队、农村都把拔河活动列入主要的比赛内容。

拔河的场地要求很简单，只要有宽 5 米以上、长 20 米左右的一块平坦土地，就可进行拔河活动。现代一般的拔河方法是：在地上画两条平行的直线为河界，由人数相等的两队在河界两侧各执绳索的一端，闻令后，用力拉绳，以将对方拉出河界为胜。

在西方，拔河原为英格兰乡村的一种游戏，1900—1920 年的奥运会上曾被列为比赛项目。

早期的奥林匹克运动会比赛项目的设置任意性比较大，没有严格的标准，特别是与主办者的兴趣有关。在这些变化中，尤以中小项目的变动多，比如田径比赛中的立定跳高、立定跳远和拔河。这些比赛项目或因为主办方的兴趣变化，或因为分级标准和运动器材变化，而被撤销或取代。拔河就是这样一个昙花一现的项目。

拔河这一短命的项目在奥运史上自 1900 年起连续举行过五次。1900 年的第二届法国巴黎奥运会上开始设置，组织者最初的动机只是为了给当时的巴黎博览会增加一个娱乐项目。

拔河比赛一出现在奥运会上，就被不恰当地放在了田径比赛中。同时，由于规则不完善，造成在比赛中出现许多争执和问题。最后，在 1920 年举办的第七届安特卫普奥运会上，国际奥委会考虑到拔河缺乏基本的体育比赛条件，因而取消了奥运会的拔河比赛。

在奥运历史上获得拔河项目冠军的队伍分别是：1900 年丹麦瑞典联队、1904 年美国队、1908 年英国队、1912 年瑞典队和 1920 年英国队。

如今，拔河是世界运动会的正式竞赛项目之一，并采用世界正式拔河比赛制度。国际拔河协会（Tug of War International Federation）每半年举办由各国国家队参加的世界锦标赛，分为室内和室外比赛。协会还同样举办由俱乐部队参加的类似的比赛。

秋千——腾空放飞的欢乐

秋千的起源，可追溯到几十万年前的上古时代。那时，我们的祖先为了谋生，需要上树采摘野果或猎取野兽。在攀缘和奔跑中，他们往往抓住粗壮的蔓生植物，依靠藤条的摇荡摆动，上树或跨越沟涧，这是秋千最原始的雏形。至于后来绳索悬挂于木架、下拴踏板的秋千，春秋时期在我国北方就有了。《艺文类聚》中就有"北方山戎，寒食日用秋千为戏"的记载。当时，拴秋千的绳索为结实起见，通常多以兽皮制成，故"秋千"两字繁写均以"革"字为偏旁，写作"鞦韆"。

荡秋千是中华大地上很多民族共有的游艺竞技项目。据现有文献记载，它源自先秦。《古今艺术图》上说："此（指荡秋千）北方山戎之戏，以习轻（敏捷）者。"（见清翟灏《通俗编》卷三一）山戎是古代北方的一个少数民族，属地在今天的北京市及其周围地区，秋千原是其进行军事训练的工具。春秋五霸之首的齐桓公带兵打败山戎后，将其国土划归燕国，秋千也随之向南流传，后来逐渐演变成游戏的用具。

在古代，荡秋千主要为宫中、闺中女子的游戏或传统节日广场狂欢内容。汉武帝时，宫中盛行荡秋千。唐人高无际《汉武帝后庭秋千赋》云："秋千者，千秋也。汉武祈千秋之寿，故后宫多秋千之乐。"荡秋千在当时主要是为了强身健体。唐代宫廷把荡秋千称为"半仙戏"。五代王仁裕在其笔记《开元天宝遗事》中说："天宝宫中，至寒食节，竞竖秋千，令宫嫔辈戏笑以为宴乐。帝呼为半仙之戏，都中市民因而呼之。"

宋代出现了"水秋千"。据南宋吴自牧《梦粱录》等书的记载，不管是在北宋都城汴梁的金明池，还是在南宋都城临安的西湖、钱塘江，都举行过这种杂技表演。每逢夏季举行水秋千表演时，上自皇帝妃子、王公大臣，下至庶民百姓，竞相观看。表演之前，先在水中置两艘雕画精美的大船，船头竖起高高的秋千架。表演时，船上鼓声大作，船尾上杂耍艺人先耍练上竿，然后表演者按次序登上秋千，奋力悠来荡去。当秋千悠到和秋千架的横梁相平之时，他们双手脱绳，借秋千回荡之力跃入空中，在空中翻个跟斗，然后投身入水。因表演者姿势各异，看上去惊险优美而又变化无穷。"水秋千"类似现代跳水运动，是宋代杂技的新发展，在中国杂技史上占有重要地位，对后世颇有影响。

宋代诗僧惠洪有一首题为《秋千》的诗："画架双裁翠络偏，佳人春戏小楼前。飘扬血色裙拖地，断送玉容人上天。花报润沾红杏雨，彩绳斜挂绿杨烟。下来闲处从容立，疑是蟾宫谪降仙。"

唐宋之后，荡秋千习俗普及全国，盛况空前。

新中国成立后，随着各种现代体育项目的兴起，秋千运动除在少数地区仍广为流行外，在中国大部分地区已成为儿童的专项活动。1986 年 2 月，国家体委制定了《秋千竞赛规则》（草案）；同年，秋千被列为全国少数民族体育运动会正式比赛项目。到1999 年第六届全国少数民族运动会，秋千已发展为包括 6 个单项的较大项目。

秋千这种有着几千年历史的民俗活动，至今仍保持着旺盛的生命力。它活跃了人们的生活，也为民俗工作者提供了蕴含丰富内容的标本。秋千运动不仅是一项精彩的竞赛运动，更能够锻炼人的意志，培养勇敢精神。同时，它对人体生理机能的健康发展也是十分有益的。

放风筝——翱翔天空的游艺

风筝是一种单纯利用空气动力的飞行器，起源于春秋时期，至今已有 2000 多年，相传"墨子为木鹞，三年而成，飞一日而败"。到了南北朝时期，风筝开始成为传递信息的工具；从隋唐开始，由于造纸业的发达，民间开始用纸来裱糊风筝；到了宋代，放风筝成为人们喜爱的户外活动。宋人周密在《武林旧事》写道："清明时节，人们到郊外放风鸢，日暮方归。"这里所说的"鸢"，指的就是风筝。北宋张择端的《清明上河图》、宋苏汉臣的《百子图》里，都有放风筝的生动景象。

风筝也是世界上最早的重于空气的飞行器。从本质上讲，风筝的飞行原理和现代飞机很相似。在一些国家的博物馆中，至今还展示有中国风筝。如，美国国家博物馆中的一块牌子上就醒目地写着："世界上最早的飞行器是中国的风筝和火箭。"英国博物馆也把中国的风筝称为"中国的第五大发明"。据史料记载，中国的风筝大约在14世纪传入欧洲，这对后来的滑翔机和飞机的发明起到了重要的作用。

风筝又称风琴、纸鹞、鹞子、纸鸢，是古代汉族劳动人民发明的一种通信工具。中国古籍当中有关风筝的史料比木鸟丰富。

唐朝的《事物纪原》记载了汉初的韩信是风筝的发明人。唐朝的记述是：楚霸王项羽被困垓下，韩信制风筝让张良乘坐，飞上天空高唱楚歌，瓦解楚营军心。宋朝的传说为：刘邦征伐陈烯，韩信打算里应外合，便用风筝测量距离，想用挖地道的方法攻入未央宫。

《事物纪原》和《新唐书》分别记载了利用风筝求援的轶事。公元549年，梁武帝萧衍被侯景兵困南京。武帝手下的将军羊侃用风筝送出求援诏书。不料风筝被侯军误为妖术而射落，求援因此失败。

更为离奇的风筝传闻见于《白石礁真稿》：公元 559 年，北齐文宣帝时，大杀元姓宗族，彭城王元勰的孙子元韶因此被囚地牢。元韶的堂弟为元韶制作了风筝，二人从金凤楼乘风筝双双飞逃。

这些传奇故事反映了中国古人的关于飞行的奇思妙想，今天看来仍然很有趣味。

到明清两代，民间放风筝活动盛行不衰，风筝的制作艺术更加精湛，式样也更加丰富。明朝徐渭曾写过不少与风筝有关的诗，如"柳条搓线絮搓棉，搓够千寻放纸鸢。消得春风多少力，带将儿辈上春天"。曹雪芹不仅在《红楼梦》里描写了大观园中姐妹们放螃蟹、美人、大鱼、蝙蝠、凤凰、沙燕等各种风筝的情景，还编定了《南鹞北鸢考工志》一书。

风筝多用细竹扎成骨架，再糊以纸或绢，系以长线，利用风力升入空中。传统的中国风筝技艺包括"扎、糊、绘、放"四种技艺，被人们称为风筝的"四艺"。其中，"扎"是要达到对称，使左右吃风面积相当，包括：选、劈、弯、削、接；"糊"是要保证全体平整，干净利落，包括：选、裁、糊、边、校；"绘"是要做到远眺清楚、近看真实的效果，包括：色、底、描、染、修；

"放"是要依据风力调整提线角度，包括：风、线、放、调、收。

风筝的种类主要分为"硬膀"和"软翅"两类。其中，"硬膀"风筝翅膀坚硬，吃风大（受风力大），飞得高；"软翅"风筝柔软，飞不高，但飞得远。

风筝在式样上，除传统的禽、兽、虫、鱼外，近代还发展出人物风筝等新样式。

1989 年，国际风筝联合会正式成立，总部设于中国山东的潍坊。潍坊因此被誉为"世界风筝之都"，并且在每年的 4 月都会举办国际风筝节。

在欧美、日本和东南亚一些国家和地区，放风筝活动也十分流行，并且经常举办国际性的风筝放飞大赛等活动。

放烟花——缤纷绽放的美好愿望

放烟花，也叫放烟火。烟火，是以火药为基础发展起来的。起初，它是专供贵族豪富争雄斗奢的消遣品。到了明、清，烟火制作技术有了新的发展，逐渐成为节日的礼品。每逢春节、元宵节以及其他重大活动，人们都要施放烟火助兴。

我国的烟火名目繁多，花色品种颇杂，但菊花型是人们最为喜爱的花型。烟火射入高空后，先是五彩缤纷的光剂燃烧，继而是一个个随开随落的降落伞。烟火重叠，夜空锦绣团团，构成各种美丽的图案，成为年节里人们观赏的目标。"火树银花不夜天"，就是这种景观的真实写照。这种转瞬即逝的大型烟火，造价一般是很高的。

而说到放烟火时，还应当提到山西的塔火。这种塔火，既有取暖的作用，又有照明的价值，还有观赏价值。它是用砖、黄土和泥垒成的，一般高一米多一些，有些地方可达到一米五六，直径为五十厘米左右；中为圆状桶，周围留有小孔；内装大块的炭，垒成塔状，然后从底下用柴点燃，使炭块自行燃烧。这样的塔火可燃烧一晚上。塔火反映了老百姓的精神寄托，即盼望来年收成好，财源旺盛，家庭人丁兴旺，吉祥如意。

说到这里，人们会问：烟花为什么会有五彩缤纷的颜色呢？原来，烟花含有各种不同的化学药品，在燃烧时可以给火焰染色。其中，铜在燃烧时，火焰会变成绿色；硝酸锶、碳酸锶在燃烧时，能使火焰变成红色；硝酸钠、草酸钠在燃烧时，火焰是黄色；将硝酸锶和硝酸钠按一定比例混合，在燃烧时，火焰便是橘红色。因此，人们只要把这些药品按不同的比例和次序放在烟花里，烟花在燃烧时，便能发出五彩缤纷的光。

猜灯谜——灯笼上的语言智慧

"弹壁灯贴三面题，摩肩搭背来猜谜。本似前朝射覆事，文思机敏方解疑。"

猜灯谜又称打灯谜，是中国独有的富有民族风格的一种民俗文娱活动形式，是从古代就开始流传的元宵节特色活动。它运用艺术的手法和汉字的规律，着眼于字义词义变化，常用一个词句、一首诗来制成谜语，既能达到娱乐的目的，又能使人增长知识，为人们所喜闻乐见。

在古代，每逢农历正月十五，汉族民间都要挂起彩灯，燃放焰火。后来，有好事者把谜语写在纸条上，贴在五光十色的彩灯上供人猜。因为谜语能启迪智慧又迎合节日气氛，所以响应的人众多。而后，猜谜逐渐成为元宵节不可缺少的节目。灯谜增添了节日气氛，展现了古代汉族劳动人民的聪明才智和生活向往。

灯谜最早是由谜语发展而来的，起源于春秋战国时期，是一种富有讥谏、规诫、诙谐、笑谑的文艺游戏。谜语悬之于灯，供人猜射，开始于南宋。《武林旧事·灯品》记载："以绢灯剪写诗词，时寓讥笑，及画人物，藏头隐语，及旧京诨语，戏弄行人。"

春秋战国时期，宫廷和墨客中出现了"隐语""文义谜语"等文字游戏。这可以说是最早的灯谜。那时，一些游说之士出于利害考虑，在劝说君王时，往往不把本意说出，而是借用别的语言来暗示，使之得到启发。这种"隐藏"的话语，当时叫作"庾词"（庾是隐藏之意），也叫"隐语"。

秦汉以后，这种风气更加盛行。西汉曹娥碑后题有"黄绢幼妇外孙齑臼"，射"绝妙好辞"，即是"隐语"。

《文心雕龙·谐隐》指出，"自魏代以来……而君子嘲隐，化为谜语"。唐宋时代，"文义谜语"日渐发展，制谜和猜谜的人多起来。至南宋时，每逢元宵佳节，文人墨客把谜语写在纱灯之上，供人们猜测助兴。灯谜至此可以说是名副其实的灯谜了。至明清时代，春节前后各城镇皆张灯悬谜，盛况空前。

猜谜变成灯谜，还有个有趣的故事。

相传，很早的时候有个姓胡的财主，人称"笑面虎"。这"笑面虎"嫌贫爱富，平日鱼肉乡里。村里有位叫王少的穷秀才，决定要逗逗这个"笑面虎"。

有一年，元宵节将至，各家各户都忙着做花灯，王少也乐哈哈地忙了一天。到了元宵灯节的晚上，王少打出一顶花灯上了街。只见这花灯扎得又大又亮，更为特别的是，上面还题着一首诗。

王少来到"笑面虎"门前，把花灯挑得高高的，引得好多人围看。"笑面虎"也忙挤到花灯前，见灯上题着四句诗："头尖身细白如银，论秤没有半毫分。眼睛长到屁股上，光认衣裳不认人。"

"笑面虎"一看，只气得哇哇乱叫："好小子，胆敢来骂老爷！"随即命家丁来抢花灯。王少忙挑起花灯，笑嘻嘻地说："老爷，怎见得是骂你呢？""笑面虎"气呼呼地说："你那灯上是怎么写的？这不是骂我是骂谁？"王少仍笑嘻嘻地说："噢，老爷是犯了猜疑。我这四句诗是个谜，谜底就是'针'。你想想是不是？""笑面虎"想了想后，气得干瞪眼，转身狼狈地溜走了。

第二年元宵节，人们纷纷仿效，将谜语写在花灯上，供人猜射取乐，所以就叫"灯谜"。以后相沿成习，猜灯谜、打灯虎成了元宵佳节的重要活动内容。

灯谜的结构是由三个基本要素组成的，即"谜面""谜目"和"谜底"，缺一不可。"谜面"是告诉猜谜者的条件，也是猜谜者思考的依据，好比几何学中的"假设"；"谜目"是限定所猜的是哪类"事物"，是答案所属的范围，就好比几何学中的"求证"；"谜底"就是答案了，就像几何学中证明的结果。举个例子来说，"书山有路勤为径"（猜一个学科名），答案是"应用力学"。其中，"书山有路勤为径"就是谜面，"学科名"就是谜目，"应用力学"

就是谜底。再比如，"花褪残红青杏小"（猜一个科技术语），答案是"最新成果"。其中，"花褪残红青杏小"是谜面，"科技术语"是限定的谜目，而"最新成果"则是此谜的"谜底"了。

猜灯谜同作诗、对对联一样，也有其约定俗成的规则：第一，单纯的词汇解释或知识问答不能算是灯谜，就算是谜语，也只能被看作低级的作品；第二，谜面上的字绝对不能在谜底出现，除非有标明露春格，否则，底、面不能相犯；第三，有些灯谜巧妙地借用了偏旁表义的造字规律；第四，有些是一半描写字形，一半是影射字义。

灯谜活动传至今天，虽属艺文小道，然上至天文，下至地理，经史辞赋，现代知识，包罗无遗，非有一定文化素养，不易猜射；而其奥妙诙奇，足以抒怀遣兴，锻炼思维，启发性灵，是一种益智的娱乐活动。

踩高跷——"脚踏实地"的欢乐

踩高跷是汉族传统民俗活动之一，俗称缚柴脚，亦称"高跷""踏高跷""扎高脚""走高腿"，是民间盛行的一种群众性技艺表演，多在一些民间节日里由舞蹈者脚上绑着长木跷进行表演。踩高跷技艺性强，形式活泼多样，深受群众喜爱。

踩高跷不但扮演的人身着戏装，浓妆艳抹，且歌且舞，而且往往装扮戏曲折子，踩高跷的角色，因为各自身份不同，所以造型各异，高低不一。

汉族民间有一种传说，说是以滑稽著称的春秋战国时期的晏婴，一次出使邻国，邻国国人都笑他身材矮小，于是他就装了一双木腿，顿时高大起来，弄得那国君臣啼笑皆非。他又借题发挥，把外国君臣挖苦一顿，使得他们很狼狈。据此，踩高跷活动由此流传民间。

另有一种传说，是把踩高跷与同贪官污吏作斗争联系在一起。从前，有座县城叫两金城，城里和城外的人民非常友好，每年春节都联合办社火，互祝生意兴隆，五谷丰登。不料来了个贪官，把这看作一个发财的机会，就说，凡是进出城办社火，每人都要交三钱银。人们不交，他就关城门，挂吊桥。但这却难不住聪明的人们。大家就踩着高跷，翻越城墙、过护城河，继续欢度春节，乐在其中。

关于高跷的起源，学者们多认为与原始氏族的图腾崇拜、沿海渔民的捕鱼生活有关。据历史学家的考证，尧舜时代以鹤为图腾的丹朱氏族，在祭礼中要踩着高跷拟鹤跳舞。考古学家认为，甲古文中已有近似踩跷起舞形象的字，两者可互相印证。

另外，古文献《山海经》中也有关于"长股国"的记述。根据古人的注释，可知"长股国"与踩跷有关。从"长脚人常负长臂人入海中捕鱼也"这一注释中，我们不难想象出脚上绑扎着长木跷，手持长木制成的原始捕鱼工具在浅海中捕鱼的形象。而更令人感兴趣的是，今日居住在广西防城沿海的京族渔民，仍有踩着长木跷在浅海撒网捕鱼的风习。

高跷本属我国古代百戏之一种，早在春秋时已经出现。我国最早介绍高跷的是《列子·说符》篇："宋有兰子者，以技干宋元。宋元召而使见其技。以双枝长倍其身，属其胫，并趋并驰，弄七剑迭而跃之，五剑常在空中，元君大惊，立赐金帛。"从文中可知，早在公元前五百多年，高跷就已流行。表演者不但以长木缚于足行走，还能跳跃和舞剑。

汉魏六朝百红中高跷称为"跷技"，宋代叫"踏桥"，清代以来称为"高跷"，是用 1 至 3 尺长的条木制成，上有木托。表演的人将双脚分别绑在木棍上，化装成各种人物，一人或多人来往逗舞，由唢呐伴奏，表演有趣的动作或故事。

据古籍中记载，古代的高跷皆属木制，在刨好的木棒中部做一支撑点，以便放脚，然后再用绳索缚于腿部。表演者脚踩高跷，可以作舞剑、劈叉、跳凳、过桌子、扭秧歌等动作。另外，高跷分高跷、中跷和跑跷三种，最高者可达一丈多。

今人所用的高跷也多为木质，表演有双跷、单跷之分。双跷多绑扎在小腿上，以便展示技艺；单跷则以双手持木跷的顶端，便于上下，动态风趣。其表演又有"文跷""武跷"之分。文跷重扮相与扭逗，武跷则强调个人技巧与绝招。民间有一种说法："耍幡的怕遇着牌楼，耍狮子的怕遇着过桥，踩高跷的就怕遇着台阶。"但凡遇到台阶，各种踩跷下台阶的绝活就出来了——倒立、蝎子爬，等等，并且总能赢得一片叫好声。

如今，高跷艺术在一些农村冬闲时仍有组织排练的，在京城各处游园会、庙会中也时有可见。各地高跷也都已形成鲜明的地域风格与民族色彩。

捉迷藏——快乐的"游戏"童年

捉迷藏，也叫摸瞎子、藏猫猫、躲猫猫，是一种深受儿童喜爱的游戏，两千年前即流行于希腊。

游戏开始时，先蒙住一个人的双眼，并把他转得不辨方向，然后其他人向这个"瞎子"呼喊取乐。蒙眼者追捕，众人躲闪。

这种游戏在中世纪逐渐演变成为成人游戏。首先选定一个范围，然后一个人先蒙上眼睛数到100或50或10，其他人在这段时间里找到一个地方躲藏。时间到后，那个蒙眼人便去寻找其他人，最先被找到的人成为下一轮找人的人。

据明代沈榜在《宛署杂记》中记载："燕都灯市，十四日，群儿牵绳为圆城，空其中方丈，城中两儿，轮以帕蒙目，一儿持木鱼，时敲一声，旋易其地以误之，蒙目者听声猜摸，以巧遇夺鱼为胜，则拳击执鱼者，出之城外而代之执鱼，又轮一儿入摸之，名曰'摸瞎子'。""摸瞎子"就是现在的"捉迷藏"。

清代乾隆、嘉庆时期，宫廷画师沈庆兰创作了一幅《婴戏图》，画中有六个孩子在玩儿捉迷藏的游戏，中间的一个孩子眼蒙巾帕，双臂伸长，作出抓捕的姿势，其余五个孩子或藏于树根，或攀假山，或躲在捉者的身后，洋溢着一派天真烂漫的童趣。可见，捉迷藏游戏在当时已经十分普及和流行了。

捉迷藏的游戏形态很多。比如，参加的儿童围成一圈，选两个人在圈内活动，一个人"藏"，另一个人"捉"，但必须蒙上眼睛，一旦"藏"的人被捉住，便成为"捉"的人，然后从圈中另选一人"藏"，继续游戏。

又如，由一个年龄大的孩子用一个手指沾上土，然后伸出另一只手让其他人猜，如猜中与沾上土的指头相对应的指头，则被另一人用双手或手绢蒙上眼睛，其他人躲藏起来，然后蒙面人去掉手帕去找"藏"者，谁被找到，谁就取代蒙眼者，游戏继续。

再如，由蒙眼者捉拿向他挑逗的人，如果抓住，就让被抓者充当蒙眼人；如三次扑空，则取下蒙眼的布，将自己绑成瘸腿者，继续捉人。其他人同时唱道："送啊送，送瞎子，喏，送到河里摸鸭子！""瘸腿者"如仍然抓不住人，则再把自己的眼睛蒙上，任其他人捉弄。

尽管捉迷藏游戏在各地的称谓不同，但游戏的实质和内涵是一致的。几千年来，捉迷藏给历代儿童带来了无限快乐，早已成为人们童年时代留存的美好回忆。

围棋——闲敲棋子落灯花

"黄梅时节家家雨，青草池塘处处蛙。有约不来过夜半，闲敲棋子落灯花。"一首《约客》，南宋诗人赵师秀将对弈的娴雅表现得淋漓尽致。在我国古代社会，琴、棋、书、画被认为是君子的"四艺"，其中的棋指的就是围棋。在过去，围棋被称为"弈"，后来由于其规则是博弈双方以围住对方的子多而胜，才有了围棋这个名字。

相传，在四五千年前，上古贤王尧就曾教其子丹朱棋艺，以开启其智慧。唐朝皮日休曾对围棋的起源进行考证，他认为围棋始于战国，是纵横家们的创造。他认为每一个棋子代表一座城池，在战乱纷扰的战国时期，懂得如何围城攻地，是纵横家们必备的智力素质。秦汉时期关于围棋的书面记载较少，而汉末三国时期围棋已经变得十分普遍。著名的"建安七子"之一王粲，除了以诗赋出名外，还是一个围棋专家。据说他有着惊人的记忆力，对围棋之盘式、着法等了然于胸，能将观过的"局坏"之棋，重新摆出而不错一子。

《世说新语·巧艺》中有"王中郎以围棋是坐隐，支公以围棋为手谈"的描写，可以看出围棋又被称为"手谈"和"坐隐"。与此同时，围棋还被称为"烂柯"，南朝任昉《述异记》中记载了"烂柯山"的故事，说晋代王质到山中砍柴，看到几位童子在下棋，他就在一旁观棋，过了一会儿，童子对他说："你为什么还不走呢？"王质这才起身找自己的斧子，发现斧子的把柄已经腐烂。此后，文人多以"烂柯"代指围棋，宋代陆游就有"还家常恐难全璧，阅世深疑已烂柯"的诗句。

隋朝时，中国围棋开始向周边朝鲜半岛、日本等地传播。唐宋时期，棋与琴、书、画被人们引为风雅之事，成为男女老少皆宜的游艺娱乐活动。唐朝还有专门陪皇帝下棋的专业棋手，他们都具有一流的棋艺，故有"国手"之称。明清时期，围棋技艺进一步提高，并逐渐形成了风格各异的派别，当时比较出名的有以鲍一中为代表的永嘉派，以程汝亮为代表的新安派，以颜伦、李釜为代表的京师派等。清末民初，随着中国社会动荡不安，围棋技艺逐渐被日本、韩国等超越，今天，中国又重新在世界棋坛上立足。

作为中国国术，围棋体现了中国人的世界观，人们在对弈过程中，不断地施展才华，从整体上谋篇布局，同时又在细节上谨慎行事，将中庸之道贯穿得淋漓尽致。从这方面来说，对弈绝妙地体现了人与人、人与自然的和谐相处。诗人在夜半时分感慨"闲敲棋子落灯花"，也许正是在期待一场和故友的对弈，这同时也是一场心与心的交流。

舞剑——刚柔并济的艺术

剑舞又称剑器舞，是唐宋时期的一种汉族舞蹈，因执剑器舞蹈而得名。剑柄与剑体之间有活动装置，表演者可自由甩动、旋转短剑，使其发出有规律的音响，与优美的舞姿相辅相成，造成一种战斗气氛。

剑舞原为男性舞蹈，经长期流传，逐渐演变成为一种缓慢、典雅的女性舞蹈。其种类较多，一般为4人舞，还有一种由流浪艺人流传下来的少年剑舞，其风格似武术，具有战斗性。

作为中国汉族民间舞蹈的一种，剑舞历史悠久，汉唐时代最为流行。由于剑术动作英武、韵律优美，自古就有搏击、健身和抒情表演的功能，不仅有长剑之舞，还有短剑之戏。

据《孔子家语》记载，子路戎装见孔丘时，曾拔剑起舞。《史记·项羽本纪》中也记载了在鸿门宴上，项伯与项庄对舞长剑的故事。四川汉画像砖上有长剑独舞的画面，山东嘉祥秋胡山的汉画像砖上有两人击剑对舞的场面。这些足以证明，剑舞在汉代已很流行。汉以后，剑作为兵器渐渐被长兵器所代替，而剑舞作为健身和抒情的技艺也有了很大的发展。到了唐代，剑舞的流行更为广泛，而且水平极高。

唐代著名诗人李白、岑参等都有很多雄浑悲壮的诗句描写自己以剑舞抒情的情景。其中，杜甫的《观公孙大娘弟子舞剑器行》一诗，千百年来更是脍炙人口。人们从这首诗中能窥见剑舞的神采和气派："如羿射九日落，矫如群帝骖龙翔。来如雷霆收震怒，罢如江海凝青光。"而且剑舞对其他姊妹艺术也有很大影响。据说，书法家张旭看了公孙大娘的剑舞，草书大进；画家吴道子看了裴将军的剑舞，"挥毫益进"。

但是，对于剑舞中使用的剑，一说，舞者仅是"雄装，空手而舞"；一说，剑器类似流星，即两个圆铁球系以丈余彩帛之类；

也有人认为，剑器是双剑。但晚唐、宋代的《剑器舞》确是舞剑，宋代大曲队舞即称为《剑舞》，舞者还有击刺动作。

晚唐时，舞具除剑外还有旗帜、火炬。《剑器舞》原为独舞，晚唐时已是群舞，至宋发展为宫廷队舞，按大曲形式演、奏，即有勾念、自念、对答、歌舞等，演者轮流出场，并有"鸿门宴"、公孙大娘舞剑、张旭等一类简单的故事情节，也有男女对舞。大曲中的歌辞，有《剑器曲破》和《霜天晓角》两种。

在古代，剑器是权力和地位的象征，是一种高贵、荣耀的器具。人们逐渐认识到，剑对于强壮身体的重要作用，后来也就演变发展成锻炼身体的一种手段——武术中的剑术。练剑家们在习武练剑中，又把剑作为一种抒发感情、表达心意的工具，所以古人有"舞以达欢""舞以尽意"之说，又有"诗、书、画、剑、琴、棋"之谈，剑已成为人们有文化素养的标志之一。

剑舞中的剑有单剑、双剑和刀型短剑之分。单剑一般都带有剑穗，剑穗又有长短之分，长的达 1 米。舞动起来，剑与穗刚柔相济，变化多端，使剑舞生色不少。剑舞舞姿潇洒英武，形式绚丽多彩，从动作变化上看，大体可分为"站剑"和"行剑"两大类。"站剑"动作迅速敏捷，静止时姿态沉稳利爽，富有雕塑感；"行剑"动作连绵不断，如长虹游龙，首尾相继，又如行云流水，均匀而有韧性。

剑舞的出现与传承，体现了中国人对于工具使用的灵活性和创造力，同时也表现了在讲求实用的同时对美的热爱与追求。

社火——民间的春节狂欢

《红楼梦》第一回写道："（甄）士隐令家人霍启抱了英莲去看花灯。"这里所说的"花灯"，指的就是"社火"。

社火也称"射虎"，是中国汉族民间一种庆祝春节的传统庆典狂欢活动，主要指在祭祀或节日里迎神赛会上的各种杂戏、杂耍的表演，也是高台、高跷、旱船、舞狮、舞龙、秧歌等的通称，具体形式随地域而有较大差异。其中的"火"具有红火、热闹之意。

社火，即在节日扮演的各种杂戏，来历源远流长。史料称："民间鼓乐谓之社火，不可悉记，大抵以滑稽取笑。"（南宋·范成大《上元纪吴中节物俳谐体三十二韵》）原始社会中，人类为战胜野兽而生存，常在猎兽之后庆贺，或聚会扮兽庆贺，教育后代，树立智、勇、谋各方面的本领。这是最早的扮兽戏和"村傩"活动。农家以户族设"堂"，以村、堡设"社"。与"社"有关的事称"社事"，诸如"香火朝山会社""社火会""孝义会""自乐班会""曲子会""吃割食"(有地方称吃合食，也有的县乡称"吃割四"，买卖土地写契约，让四邻同意、最后画押写契，四邻不找麻烦)等，把各种不同爱好的人组织起来，设会头，订会章，收会(社)员，交会费，有一定的感召力量和威望，遇有不规行为，也有权力处理。这种会社，每逢迎神报赛、庆贺集会，必然举行游艺活动，锣鼓火把助威，狮子龙灯游行，人群相随，显然是"人威"助长了"神威"，就形成了"社火"风俗。它与民间的"香火"还愿风俗(庙会风俗)如同孪生姊妹，正像民俗所述："社火娱神，香火娱人"，其含意深邃而味长。

社火这一活动随着人类的进步和时代的演变，其形式、内容也发生了很大变化。如今，社火早已不再是表达人们对"神"的崇拜，而是演变成为一种内容健康、形式活泼、名目繁多、生动有趣的文化娱乐活动，同时也成为了一种新的民俗。

社火表演形式多种多样，有一个大人背着一至三名儿童表演的"背社火"，有骑着马、牛、骡子表演的"马社火"，以及"高跷社火""车社火""山社火"等。要社火时，靠的是演员的动作表演，并配以旌旗、仪仗、罗、鼓、铙、郐等，规模浩大，场面热烈壮观。社火表演内容也极其丰富、广泛，从上古的三皇五帝神话传说到历史故事、轶闻野史、传奇英雄等，无所不包，无所不演。

社火表演是一种哑巴戏。为了让观者一目了然，其脸谱更为强调人物的主要特征，一般是专人专脸。

目前，民间社火已先后两次被列入国家级非物质文化遗产名录；至 2013 年，就先后有陕西宝鸡、山西三路四城线等 9 项被列为国家非物质文化遗产保护名录。

第七章

民间工艺

剪纸——用手传承的历史

剪纸艺术是我国汉族传统的民间工艺，源远流长，经久不衰，是中国民间艺术中的瑰宝，已成为世界艺术宝库中的一种珍藏。

剪纸起源于古人祭祖祈神的活动，根植于博大精深的中国传统文化之中。这一民俗艺术的产生和流传，与中国农村的节日风俗有着密切关系。在中国的广大农村地区，逢年过节抑或新婚喜庆，人们把美丽鲜艳的剪纸贴在雪白的墙上或明亮的玻璃窗上、门上、灯笼上，使节日的气氛被渲染得更加浓郁喜庆。

第七章　民间工艺 ┃ **159**

剪纸是一种镂空艺术，在视觉上给人以透空的感觉和艺术享受。中国剪纸的发明是在公元前的春秋战国时期（公元前 3 世纪），当时人们运用薄片材料，通过镂空雕刻的技法制成工艺品。而说到剪纸手工艺术的历史，则应从纸的出现开始。

我国汉代纸的发明，促使了剪纸的出现、发展与普及。到了唐代，杜甫的《彭衙行》中已经有了"暖汤濯我足，剪纸招吾魂"这样的诗句，说明以剪纸招魂的风俗当时就已流传民间。明、清时期，剪纸手工艺术走向成熟，并达到鼎盛时期。民间剪纸手工艺术的运用范围更为广泛，举凡民间灯彩上的花饰、扇面上的纹饰，以及刺绣的花样等，无一不是利用剪纸作为装饰成再加工的。而在民间，人们更多的是常常将剪纸作为装饰家居的饰物，以此美化居家环境。

中国最早的剪纸作品发现于 1967 年新疆吐鲁番盆地的高昌遗址附近的阿斯塔那古北朝墓群中，其中有两张团花剪纸，采用的是麻料纸，都是折叠型祭祀剪纸。

在古代社会，剪纸是女红的一部分。农闲时，尤其是乞巧节，姑娘们相聚一处，剪花样，赛智慧。当时，姑娘"手巧"的主要标准就是剪纸绣花，正所谓"一看窗子二看帘"。

2009 年 9 月 30 日，中国剪纸被联合国教科文组织列入"第四批人类非物质文化遗产代表作名录"。

如今，剪纸早已不仅仅是母女、婆媳链条上传承的女红，也不再只是门"技艺""手艺"，而是真正意义上能够显示中国人才情、技艺、智慧的现代"艺术"。

泥塑——与泥巴打交道的艺术

大抵是受到农耕文明影响的缘故，中国人对于土地有一种割舍不去的情怀。人们在土地上就地取材，将泥巴反复揉捏，或制成器皿，或制成简易装饰品，然后烧制成陶，便是最早泥塑作品了。

山东龙山文化中的黑陶艺术已有四五千年历史。一般来说，泥塑是以泥土为原料，以手工捏制成形雕塑工艺品，或素或彩，以人物、动物为主，其制作方法是将粘土捣匀后，捏制成各种人物或其他造型泥坯，然后自然阴干，涂上底粉，再施彩绘，有的还要经过烧制形成陶艺。

泥塑是中国最为古老的传统艺术之一。自新石器以来，这门与泥土打交道的艺术，就一直处于不断发展传承之中。作为陪葬品，春秋战国时期陕西凤翔县就已经出现比较成型的陶俑、陶兽等。秦陵出土的兵马俑更以其规模浩大磅礴，造型精美绝伦令世人瞩目。两汉以后，随着道教形成、佛教传入，宗教题材的造像需要进一步促进了泥塑的发展。到了隋唐时期，泥塑艺术达到了一个高峰。

相传，被后世称为雕塑圣手的杨惠之曾与著名画家吴道子，共同在书画名家张僧繇门下学画，后来吴道子学有所成，并成为画坛圣手；久不成名的杨惠之愤然焚笔毁砚，专攻泥塑，终成宗师。对此后人称赞道："道子画，惠之塑，夺得僧繇神笔路。"由此可见人们对杨惠之及其泥塑的认可程度。

到了宋代，随着市民阶层的出现，勾栏瓦肆中出现了许多形形色色的民间艺术形式，泥塑在这一时期也突破了宗教题材的造像艺术，而另辟出专做玩具或可供观赏的小型泥塑。元朝之后，历经明、清、民国等时期，民间泥塑艺术，尤其是小型的玩具或观赏型泥塑得到长足发展，并在此基础上形成了各具特色的派别。

清朝末年即已形成南北两个著名流派，即北方有天津"泥人张"，南方有无锡惠山泥人。现在最为知名的泥塑有形成于清道光年间的天津"泥人张"、江苏无锡惠山泥人，其他还有陕西凤翔泥人、河北白沟泥塑、山东高密泥塑、河南浚县泥咕咕、潮汕泥塑、淮阳以及北京、济南等地的"兔儿爷"等。

2006 年天津"泥人张"、江苏无锡彩塑、陕西凤翔泥塑、河南涧县泥咕咕等一同被列为国家级非物质文化遗产名录。其他地方的泥塑也纷纷被列为省级或市县级非物质文化遗产名录。借助"非遗"这个平台，加上人们对于传统文化价值的认识不断加深，这门与泥巴打交道的古老的传统艺术正在得到进一步传承与发扬。

根雕——来自树木的古老工艺

人类从诞生之日起，就在和树木保持亲密的关系。从建造房屋到生火做饭，从桌椅茶几到碗筷勺匙，树木在人类文明发展史上从未缺席，它不仅具有实用价值，还具有独特的审美价值，于是在历史的长河中，一种叫作根雕的艺术便应运而生了。

古人说，"玉不琢不成器"，这句话用于根雕可以说成"根不雕不成艺"。根雕又叫木雕或根艺，是一种古老的民间手工艺术，旨在利用自然界的奇根异木进行雕刻艺术创作。它讲究"三分人工，七分天成"，是指要尊重选材的自然形态，尽可能利用木材的天然形态表现造型的美感，并辅助性地进行人工处理和修饰。将创意隐藏在自然之美中才是根雕中的佳作。

根雕制作要尽量选用具有坚硬、细腻、光滑和纹理清晰的质地的原料，上乘的原料有荔枝木、黄杨木、红豆杉及海南黄花梨等，这样才能创造出既精美又能长久保存的根雕艺术品。

根雕的历史源远流长，它伴随着人类的发展而出现，据说中国的根雕起源于新石器时代，在距今七千多年前的浙江余姚河姆渡文化中就已经出现了木雕鱼。不仅如此，1978年在湖北江陵天星观1号墓出土的文物中，有一件造型怪诞的木雕镇墓兽，说明在战国时期的楚国，已经开始用根雕作为陪葬品了。

秦汉时期出现了施彩木雕，具体是将雕刻和绘画相结合，达到质地和光色的相互协调，湖南长沙马王堆和湖北云梦出土的汉代彩雕木俑，雕刻及彩绘已十分精致。南北朝时期，木雕开始进入寻常百姓的生活中，出现了不少利用树根制作的笔筒、杖头、抓背、烟斗等日常用具。

至隋唐以后，根雕已经在民间广泛流传，并受到皇室贵族的青睐，在《新唐书》中就有官员利用天然树根制作龙形抓背献给皇帝的记载。宋元时期，根雕艺术不仅在宫廷和民间流行发展，同时还出现在石窟、庙宇之中。在中国的一些石窟和庙宇内，仍然保存着根雕佛像。明清两代，根雕技艺已经日趋成熟。明代有以竹根雕著称的濮仲谦为代表的金陵派和以朱鹤为代表的嘉定派。

民国时期，根艺制作和生产日渐衰落，许多艺人改行或转业，根雕技艺到了濒临灭绝的境地。好在根雕艺术在 20 世纪 70 年代得到复苏，社会上相继出现根艺研究和创作团队，并陆续开办根艺展览或创意比赛活动，将这项古老的工艺很好地传承和发扬。

如今，根雕依然出现在我们的视线中，随着现代人对生活品质的追求越来越高，根雕受到越来越多的青睐，根雕这项古老而精妙的艺术在今天又重新焕发出光彩。

皮影戏——古老的光影艺术

皮影戏，旧称"影子戏"或"灯影戏"，是一种用蜡烛或燃烧的酒精等光源照射兽皮或纸板做成的人物剪影以表演故事的民间戏剧。表演时，艺人们在白色幕布后面，一边操纵戏曲人物，一边用当地流行的曲调唱述故事，同时配以打击乐器和弦乐，有浓厚的乡土气息。在河南、山西、陕西、甘肃天水等地农村，这种拙朴的汉族民间艺术形式很受人们的欢迎。

作为中国民间一项古老的传统艺术，老北京人把皮影戏称作"驴皮影"。据史书记载，皮影戏始于战国，兴于汉朝，盛于宋代，元代时期传至西亚和欧洲，可谓历史悠久，源远流长。

据《汉书》记载："上思念李夫人不已，方士齐人少翁言能致其神。乃夜张灯烛，设帷帐，陈酒肉，而令上居他帐，遥望见好女如李夫人之貌，还幄坐而步。"这个故事说的是汉武帝爱妃李夫人病逝，武帝伤心欲绝，方士少翁进言，说他有招魂之术，并设帐弄影，以招嫔妃李夫人之亡灵，然后恭请皇帝端坐帐中观看。武帝看罢龙颜大悦。这一记载被认为是皮影戏最早的渊源。

皮影戏是让观众通过白色幕布，观看一种平面人偶表演的灯影来达到艺术效果的戏剧形式；而皮影戏中的平面人偶以及场面景物，通常是民间艺人用手工，刀雕彩绘而成的皮制品，故称为"皮影"。在过去还没有电影、电视的年代，皮影戏曾是十分受欢迎的民间娱乐活动之一。

"皮影"是对皮影戏和皮影戏人物（包括场面道具景物）制品的通用称谓，不仅属于傀儡艺术，还是一种地道的工艺品。它是用牛、驴、马、骡皮，经过选料、雕刻、上色、缝缀、涂漆等几道工序做成的。受到外在环境以及兽皮材料质地上的差异等种种因素影响，皮影戏偶造型风格各地有所不同。

演皮影戏的操耍技巧和唱功，是皮影戏班水平高低的关键，而操耍和演唱都是经师父心传口授和长期勤学苦练而成的。在演出时，艺人们都有操纵影人、乐器伴奏和道白配唱同时兼顾的本领。有的高手一人能同时操耍七八个影人。武打场面紧锣密鼓，影人枪来剑往、上下翻腾，热闹非凡。而文场的音乐与唱腔则音韵缭绕、优美动听，或激昂或缠绵，有喜有悲，声情并茂，动人心弦。

由于皮影戏中的车船马轿、奇妖怪兽都能上场，飞天入地、隐身变形、喷烟吐火、劈山倒海都能表现，还能配以各种皮影特技操作和声光效果，所以演出大型神话剧的奇幻场面之绝，在百戏中非皮影戏莫属。

在中国，不少的地方戏曲剧种都是从皮影戏中派生出来的，而皮影戏所用的幕影演出道理、艺术手段，对电影的发明和美术片的发展也起到了先导作用。如今，中国皮影被世界各国的博物馆争相收藏。

从18世纪的歌德到后来的卓别林等世界名人，对中国的皮影戏艺术都曾给予高度的评价。可以说，皮影戏是中国历史悠久、流传很广的一种民间艺术。这种源于中国的艺术形式受到了众多国外戏迷的迷恋，被亲切地称为"中国影灯"。

2006年5月20日，皮影戏经国务院批准列入第一批国家级非物质文化遗产名录。2007年6月8日，湖北省云梦皮影艺术团和山东省泰安市范正安皮影工作室获得国家文化部颁布的首届文化遗产日奖。

2011 年 11 月 27 日，联合国教科文组织宣布，中国皮影戏被列入"人类非物质文化遗产代表作名录"。

蜡染——蜡笔生花的民族艺术

在人类文明史上，纺织和印染技术的发明可谓功不可没，从我们日常的穿衣戴帽，到居家用品中的窗帘、被面等，都离不开这两大工艺。如果说纺织提供了最基本的织物素材，印染则是让织物焕发出光彩的魔术师。

在中国西南部地区，至今流传着一种神奇的印染技艺，叫作蜡染。蜡染古称蜡缬，缬是指带有花纹的纺织品。蜡缬与绞缬、夹缬并称为我国古代三大印花技艺。蜡染时，主要利用蜡作为防染剂的特点，用蜡将花纹点画在织物上，放入染缸中浸染，用蜡的地方并未着色，然后经过脱蜡、清洗和晾晒等步骤，布面就会呈现出蓝底白花的图案。

蜡染工艺在我国西南少数民族地区世代相传，尤其是贵州苗族、布依族、瑶族、仡佬族地区，继承和发扬了传统的蜡染工艺，已成为少数民族妇女生活中不可缺少的一种艺术。女人们的头巾、衣服、裙子、腰带、绑腿，都是蜡染制成，其他如手帕、枕巾、背包，甚至背孩子的背带等，也都被点染得精巧细致，除蓝白二色外，有的还加染上红、黄、绿等色，成为明快富丽的多色蜡染。

蜡染的花纹通常有铜鼓纹、云雷纹、回文等，还有很多抽象和写意的图案，这些从老祖先那里传下来的纹样就像是无声的文字，记录着人们生产、生活、战争、迁徙的场景。说到记录历史的方式，很多民族通过口耳相传的讲述传承历史，比如苗族的古歌中就有对蜡染起源的讲述，大意是说，一位女子有一天梦到自己被一位仙子带到百花丛中，衣裙上爬满了蜜蜂。醒来后发现衣服上有蜂蜜和蜂蜡，她拿到靛蓝色的染缸中浸染，想覆盖蜂蜡的颜色，最后用沸水煮，想融化蜂蜡，但最后竟然发现，有蜂蜡的地方变成了美丽的花纹，于是蜡染便产生，并很快在苗族及周边民族传开。

蜡染之所以受到人们的青睐，正是由于它的原料和颜料基本取材于大自然，这造就了蜡染艺术古朴典雅、清新脱俗的特质。每年六月，是苗族妇女忙于点脂的"黄金"季节。姑娘们把山上采来的松脂或蜂脂倒到碗里，架在火塘的热灰里，用小火慢慢烤烘。等松脂溶化后，用脂刀或竹尖蘸上脂，一点、一横、一划地在白布上"走样"，描绘蜡染图案。

蜡染是属于世界的艺术。在埃及、印度尼西亚等国家也有蜡染的传统，印尼甚至将蜡染工艺视作国宝，每到盛大节日都要身着蜡染服装，谓之国服。蜡染目前已经被评为我国首批非物质文化遗产，有的艺术家还创作蜡染画，将这项古老的艺术转化成世界语言，中国的蜡染技艺正在以更加多元开放的姿态走向世界。

刺绣——女子的专属技艺

如何衡量一名女子是不是优秀呢？我国古代的标准之一就是"女红"，主要包括织布、缝纫、刺绣等手工技艺，也就是民间常说的"针线活儿"。对古代女子而言，出色的女红是衡量优秀与否的重要标准，这点在刺绣中表现得尤为明显。

刺绣，古代称"黹""针黹"，属于"女红"的一个重要部分，是中国古老的手工技艺之一。刺绣大约在四千年前的中国就产生了，《尚书》中有"衣画而裳绣"的记载，规定上衣要有画好的图案，下衣要有精巧的刺绣。刺绣的产生离不开古人对服饰装束的重视。同时，刺绣的出现具备了一定的物质基础，悠久而发达的养蚕业及丝织业，为这项讲究精美的手工艺提供了丰沃的土壤。再加上男耕女织的社会背景，男女分工不同，刺绣便成为女子的专属技艺，并且经过几千年的发展，已经成为古代女子的生活状态和精神世界的生动体现。

　　无论是王公贵族家中的淑女，还是寻常百姓人家的女子，都要掌握刺绣的手艺。人们将未出阁女子居住的房屋叫作"绣楼"，可谓是生动传达出闺中女子的生活图景。除琴棋书画以外，刺绣也是她们日常的必修课，既能消磨时间，又能怡情养性、寄托情思。昆曲《牡丹亭》中的杜丽娘可谓是最典型的代表。她在游园时一边感慨"良辰美景奈何天，赏心乐事谁家院"；一边在衣裙上绣下一对花和一双鸟，透露出她对爱情的期待。刺绣还反映出广大劳动妇女对生活的赞美和希望，这在人们刺绣的图案中有所体现，硕大艳丽的牡丹象征富贵，石榴和莲蓬象征多子多福，鸳鸯戏水象征对爱情的美好祝愿，婴儿出生后要穿上虎头鞋和虎头帽，希望他虎头虎脑、聪明伶俐，刺绣总是充满着吉祥的寓意。

　　历朝历代的刺绣有着各自的特点，同时由于地域的不同，刺绣在同一时代又百花齐放。从战国时期的龙凤花鸟纹样到宋朝的顾氏苏绣、明朝的韩希孟刺绣，再到清末民初的绣娘沈寿，刺绣在今天已经发展为苏绣、粤绣、湘绣和蜀绣四大名绣。此外，需要特别指出的是，少数民族的刺绣工艺也相当精湛，苗族女孩从六七岁起就学习刺绣，并为自己亲手绣出华丽精美的嫁衣。被评为国家级非物质文化遗产的水族马尾绣今天依然在水族人的生活中产生影响。

如今，传统的手工刺绣正在被机器取代，手工刺绣已经成为少数人的专有才能。但是，这并不妨碍人们对刺绣的喜爱。十字绣——这种相对容易的刺绣方式，因其是一项易学易懂的手工艺爱好，更是艺术的创新，因此流行非常广泛，受到不同年龄的人们的喜爱。心灵手巧的人们正在继续用这种古老的方式装点、丰富着自己的生活。

年画——写尽世间百态的民间绘画艺术

年画是中国画的一种，始于古代的"门神画"，是汉族民间艺术之一，也是常见的民间工艺品之一。

年画起源于汉代，发展于唐宋，盛行于明清。作为中国特有的一种民间美术形式，其名称有一个不断演变的过程，在宋代曾被称为"纸画"，明代则称为"画贴"，清代称作"画片""画张""卫画"等，直到清道光29年（1849年），李光庭的《乡言解颐》一书中才始见"年画"一词。

年画当初大都用于新年时张贴，装饰环境，含有祝福新年吉祥喜庆之意，故名。传统民间年画多用木板水印制作。旧年画因画幅大小和加工多少而有不同称谓。其中，整张大的叫"宫尖"，一纸三开的叫"三才"。加工多而细致的叫"画宫尖""画三才"。颜色上用金粉描画的叫"金宫尖""金三才"。六月以前的产品叫"青版",七八月以后的产品叫"秋版"。

民间年画蕴含着各地独特的艺术风格,形式变化多样,内容广泛,且大多采用大红大黄等鲜艳火爆的色彩,注重情趣和造型的表现,人物生动可爱,富有活力,体现了民众智慧,形成了博大精深的传统文化。

年画的题材可谓包罗万象,总计画样有两千多种,堪称一部民间生活百科全书,大致可分为神仙与吉祥物、世俗生活、娃娃美人、故事传说四个方面。而从种类上看,年画大致可分为六大类,即门神类、吉庆类、风情类、戏出类、符像类和杂画类。

年画的制作方法大致有人工绘制、木印、水印套色、半印半画、石印、胶印等。一般说来,套色木版年画有四道工序:一是画师起稿,将定稿用白描法画在毛边或薄绵纸上;二是刻工将画稿的反面,用粉糊粘在刨平的木版上,刻出墨线版,先印出几幅墨线画样;三是在画样上点出颜色,刻工再按点出的不同颜色,分别刻制出几种颜色的套印版(一般不超过5块);四是刷工将墨线和套色版准备齐全后,将白纸数百张固定在刷印图案的位置上,再将画版仰放在纸的左边,将纸覆在涂匀颜料的画版上,再用棕刷平刷画版上的纸。如此刷完,再换另一颜色版,依样刷印，直到全部画版刷完。

年画艺术是中国民间艺术的先河，同时也是中国社会的历史、生活、信仰和风俗的反映。年画不仅是年节一种五彩缤纷的点缀，还是文化流通、道德教育、审美传播、信仰传承的载体与工具；也是一种看图识字式的大众读物；对于那些时事题材的年画，还是一种百姓喜闻乐见的媒体。与此同时，年画又是一部地域文化的辞典，从中可以找到各个地域鲜明的文化个性。

年画作为一个独立的画种存在并得以不断地发展，是因为它的观众之多、社会需求量之大、内容之丰富、形式之多样是其他任何画种所无法比拟的。而年画的艺术风格与文化内涵的完美结合，以及对民众的审美取向和文化祈求的表达，也成为其根深叶茂、长久不衰的重要原因。

春联——总把新桃换旧符

每逢春节，贴春联是必不可少的民俗活动。春联，又叫"春贴""门对"，是一种独特的中国文学形式，有上、下两联和横批。对联的上下联字数不限，但必须相等。它以工整、对偶、简洁、精巧的文字描绘时代背景，抒发美好愿望。

　　早期的春联被称为"桃符"。两千多年前的春秋战国时期，中原地区的人们在农历立春时，常在大门口悬挂桃符（又称为桃梗）来驱邪避凶。《山海经》中记载，桃木可以辟邪，神荼、郁垒是专门辟邪捉鬼的大神。人们将神荼、郁垒字样及其图像刻画在桃符上，来增加驱邪的效果。公元 964 年，蜀国皇帝孟昶于除夕这天在卧室门框上悬挂桃符，并题写"新年纳余庆，嘉节号长春"的佳句。世界纪录协会收录的世界最早的春联是记载在莫高窟藏经洞出土的敦煌遗书（卷号为斯坦因 0610）上的"三阳始布，四序初开"。该文献记录了十二副在岁日、立春日所写的春联，而这副对联为排列序位中的第一副，撰联人为唐人刘丘子，作于开元十一年（723 年），较后蜀主孟昶的题联早 240 年。宋代以后，桃符上书写对联已经较为普遍，一来写在桃木上，驱邪效果不会减弱；同时饰之以文字，更增添了许多文艺情趣。王安石在诗中描述了当时春节换桃符的情形："千门万户曈曈日，总把新桃换旧符。"不过此时仍然没有出现春联的说法，直到明朝时期才出现。

　　相传，朱元璋特别喜爱对联，在建都南京后，有一年除夕，他突然颁布圣旨，要求"公卿士庶家，须加春联一副"。春联即春节期间张贴的对联。为了检验民间张贴春联的情况，朱元璋还特意在初一时微服私访，结果发现有一个屠户家没有张贴，便上前询问，结果得知是因为屠户家中没有识字的人，于是当场挥毫，写了一副对联："双手劈开生死路，一刀割断是非根。"第二天朱元璋再去看时，发现该屠户还是没有贴上春联，就再次询问，屠户告诉朱元璋，他们已经将皇上所赐的对联放到堂屋供奉起来。朱元璋听后龙颜大悦，直接赏给屠户三十两银子。在朱元璋的提倡下，春节期间贴春联变得更加普遍。后来为了方便，人们便不再将春联写到木板上，而是写在红纸上，在每年春节前夕贴在门框等地方，有趋吉避凶的意味。

春联的种类比较多，依其使用场所，可分为门心、框对、横批、春条、斗斤等。"门心"贴于门板上端中心部位；"框对"贴于左右两个门框上；"横批"贴于门楣的横木上；"春条"根据不同的内容，贴于相应的地方；"斗斤"也叫"门叶"，为正方菱形，多贴在家具、影壁中。同时，家家户户都要在屋门上、墙壁上、门楣上贴上大大小小的"福"字。春节贴"福"字，是中国民间由来已久的风俗。据《梦粱录》记载："岁旦在迩，席铺百货，画门神桃符，迎春牌儿……士庶家不论大小，俱洒扫门间，去尘秽，净庭户，换门神，挂钟馗，钉桃符，贴春牌，祭拜祖宗。"

春节期间张贴春联的习俗传承了千年。红学家周汝昌先生说过，贴春联是举世罕有的最伟大、最瑰奇的文艺活动。时至今日，虽然时代变了，但人们向往美好生活、祈求平安吉祥的心情并没有变。生活在继续，那些寓意吉祥的春联也在继续。

第八章
民间文学

白蛇传——穿越千年的人蛇恋

20 世纪 90 年代，一部由赵雅芝、叶童、陈美琪等联袂主演的古装经典神话电视剧《新白娘子传奇》不仅获得了电视台年度收视冠军称号，更让这个传承了数百年的人蛇相爱的故事更加广为人知。

《白蛇传》的传说可谓源远流长，家喻户晓，是中国民间集体创作的典范。它在清代成熟盛行，描述的是一个修炼成人形的蛇精与人的曲折爱情故事，内容包括篷船借伞、白娘子盗灵芝仙草、水漫金山、断桥相会、雷峰塔镇白蛇、许仙之子仕林祭塔、法海遁身蟹腹以逃死难等情节，表达了人民对男女自由恋爱的赞美向往和对封建势力无理束缚的憎恨。

《白蛇传》的故事大体形成于唐代。在流传初期，白蛇是个专门吸食男子阳气的蛇妖。由唐至宋，故事情节发生了变化，白蛇逐渐转变成温柔贤淑的蛇妻。到了明代，冯梦龙在当时流传的基础上创作《白娘子永镇雷峰塔》，使《白蛇传》的故事初步成型。清代方成培在《雷峰塔传奇》中记载的人物及大致故事情节都得到了进一步完善。到了清嘉靖十四年，出现了弹词《义妖传》。至此，蛇精的故事已经完全由单纯迷惑人的妖怪变成了有情有义的女性。清代以后，白蛇传的故事被各种戏曲、说唱形式广泛改造、搬演，使之逐渐变得家喻户晓。

人们在《白娘子永镇雷峰塔》一文的基础上，添加了一些情节，使得故事更加平民化，符合大众的口味。其内容大致如下：在宋朝时的镇江市，白素贞是一个千年修炼的蛇妖，化为人形，想要报答书生许仙前世的救命之恩。后遇到青蛇精小青，两人结伴。白素贞施展法力，巧施妙计与许仙相识，并嫁与他。婚后，金山寺和尚法海对许仙讲白素贞乃是蛇妖，许仙将信将疑。后来，许仙按法海的办法，在端午节让白素贞喝下带有雄黄的酒。白素贞不得不显出原形，结果将许仙吓死。白素贞上天庭盗取仙草灵芝将许仙救活，法海将许仙骗至金山寺并软禁。白素贞同小

青一起与法海斗法，水漫金山寺，却因此伤害了其他生灵。白素
贞因为触犯天条，在生下孩子后被法海收入钵内，镇压于雷峰塔
下。后白素贞的儿子许仕林长大得中状元，到塔前祭母，将母亲
救出，全家团聚。可爱的小青也找到了如意郎君。据说法海后来
羞愧不已，躲到了螃蟹壳里。时至今日，吴越一带百姓在吃螃蟹
时，还有吃"蟹和尚"的说法。

《白蛇传》已被列入"第一批国家级非物质文化遗产名录"。
如今的人们走在西湖旁、断桥上，远眺金山寺的时候，依然会想
起白娘子和许仙之间的凄美爱情故事。

梁祝——冲破礼教的爱情悲剧

提起梁山伯与祝英台，人们一定会联想到那首凄美哀婉的小
提琴协奏曲——《梁祝》。这部诞生于 20 世纪 50 年代的作品，
不仅让梁山伯与祝英台的爱情故事传遍了祖国的大江南北，更漂
洋过海，让全世界的人们都被两人忠贞不渝的爱情所感动。

自西晋始，梁祝故事在民间流传已有一千七百多年，可谓家
喻户晓，流传深远，被誉为爱情的千古绝唱，是中国最具魅力的
口头传承艺术及国家级非物质文化遗产，也是在世界上产生广

泛影响的中国民间传说，被西方人称为是"中国的罗密欧与朱丽叶"。

聪明伶俐的祝英台女扮男装外出求学，并爱上了品学兼优、年轻俊秀的同窗梁山伯，虽然祝英台积极主动地追求梁山伯，向他作出了许多大胆的暗示，但梁山伯却陶醉在同窗友情的表面现象之中，始终不解风情。最终英台的父亲将女儿另许他人，英台不从，两人先后殉情，双双化蝶。这个带有浪漫色彩的悲剧爱情故事从东晋流传至今，已经一千五百多年。

据史料记载，梁山伯与祝英台可能确有其人，明代徐树丕根据南朝文献《金楼子》，认为梁山伯、祝英台皆为东晋人。从有限的记载来看，梁祝的故事在当时只是被认为是不同寻常的异事。直到晚唐，张读在《宣室志》中才对梁祝故事有了较为详细完整的描述。其中像祝英台男扮女装、山伯访祝、祝许马家、英台哭墓、墓裂同埋等重要情节已经出现。到了宋代，梁祝故事进一步变得丰富，在民间开始出现梁祝的坟墓和纪念他们的祠庙。随着元杂剧、明传奇、清代说唱等通俗文学的发展，梁祝的故事以人们喜闻乐见的方式流传着，日渐深入人心。值得注意的是，关于梁祝故事最富有神奇色彩的"化蝶"情节，学者钱南扬先生认为这可以追溯到东晋干宝的《搜神记》，里面有韩凭妻子"化衣为蝶"的记载，后来与梁祝故事结合，使"梁祝化蝶"这个带着诗意的说法在宋代得以形成并广为流传。

从草桥结拜到同窗三载，从十八相送到长亭惜别，从抗婚不成到哭坟化蝶，梁祝的故事情节在人们口耳相传中变得跌宕起伏、引人入胜，既有"十八相送"的幽默风趣，又有"哭坟化蝶"的壮烈惨痛，用喜与悲相结合的方式唤起人们普遍的情感共鸣。

如今，梁祝故事已经有了包括戏曲、音乐、舞蹈、影视等在内的多种媒介的表现方式，成为雅俗共赏的艺术，也让这个反映冲破封建礼教束缚、勇于追求自由爱情的故事，日益散发出了无穷的魅力。

牛郎织女传说——来自星星的爱情

"迢迢牵牛星，皎皎河汉女。纤纤擢素手，札札弄机杼。终日不成章，涕泣零如雨。河汉清且浅，相去复几许。盈盈一水间，脉脉不得语。"这首列于《古诗十九首》之十的诗篇，道尽了牛郎织女相爱不得见的苦愁悲遇。

牛郎织女是汉族四大民间爱情传说之一，讲的是牛郎父母早逝，又常受到哥嫂的虐待，只有一头老牛相伴。有一天，老牛给他出了个计谋，要娶织女做妻子。到了那一天，美丽的仙女们果然到银河沐浴，并在水中嬉戏。这时，藏在芦苇中的牛郎突然跑出来拿走了织女的衣裳。惊慌失措的仙女们急忙上岸穿好衣裳飞走了，唯独剩下织女。在牛郎的恳求下，织女答应做他的妻子。婚后，牛郎耕田，织女织布，两人相亲相爱，生活得十分幸福美满。织女还给牛郎生了一儿一女。后来，老牛要死去的时候，叮嘱牛郎要把它的皮留下来，到急难时披上以求帮助。老牛死后，夫妻俩忍痛剥下牛皮，把牛埋在山坡上。织女和牛郎成亲的事被天庭的玉帝和王母娘娘知道后，他们勃然大怒，命令天神下界抓回织女。天神趁牛郎不在家的时候抓走了织女。牛郎回家不见织女，急忙披上牛皮，担了两个小孩追去。眼看就要追上，王母娘娘心中一急，拔下头上的金簪向银河一划，昔日清浅的银河一霎间变得浊浪滔天，牛郎再也过不去了。从此，牛郎织女只能泪眼盈盈，隔河相望。天长地久，玉皇大帝和王母娘娘也拗不过他们之间的真挚情感，便准许他们每年七月七日相会一次。相传，每逢农历的七月初七，人间的喜鹊就要飞上天去，在银河为牛郎织女搭鹊桥相会。此外，七夕夜深人静之时，人们还能在葡萄架或其他的瓜果架下，听到牛郎织女在天上的脉脉情话。

农历七月初七这天，姑娘们会来到花前月下，抬头仰望星空，寻找银河两边的牛郎星和织女星，希望能看到他们一年一度的相会，乞求上天能让自己像织女那样心灵手巧，祈祷自己能有如意称心的美满婚姻和美丽的爱情，并由此形成了七夕节。这一天还被现代人誉为中国版的"情人节"。

"织女""牵牛"二词见诸文字，最早出现于《诗经》中的《大东》篇。诗中的织女、牵牛只是天上两个星座的名称，之间并没有什么关系。

在文字记载中，最早称牛郎、织女为夫妇的，应是南北朝时期梁代的萧统编纂的《文选》，其中有一篇《洛神赋》的注释中说："牵牛为夫，织女为妇，织女牵牛之星各处河鼓之旁，七月七日乃得一会。"这时，"牛郎织女"的故事和七夕相会的情节已经初具规模了，由天上的两颗星宿，发展成为夫妻。但故事中还没有什么悲剧色彩。至于为什么牵牛、织女要在"七月七日乃得一会"呢？原文未做交代。据后世推测，可能一方面是每年七月夜间的星辰在天空中最为明亮，牵牛、织女二星相距较近；另一方面，七月七日是当时民间风俗"乞巧"的日子，而劳动人民都把织女当作劳动能手，因此能在"十日之内，织绢百匹"，便向她"乞巧"。于是，人们就把牛郎织女的故事和民间习俗糅合到一起了。

牛郎织女的故事于古典中蕴含浪漫，更反映了难能可贵的曲折爱情。一代又一代的中国人从牛郎织女的故事中，从银河边脉脉相望、彼此守护的两颗明亮的星星间，领略到了爱情的珍贵和离散的忧伤。同时，牛郎织女之间忠贞不渝的爱情以及追求美好生活的强烈愿望，也一直激励着青年男女追求美好爱情的决心和勇气！

孟姜女传说——哭倒长城的千古绝唱

在我国北方，流传着一种习俗，每年十月初一标志着严冬的到来，人们要在这天祭奠已故的亲人，将冥衣焚化给逝者，谓之"送寒衣"。在民间有一种说法，认为这源自孟姜女千里寻夫送寒衣的故事。

四大传说之一的"孟姜女哭长城"想必很多人都有耳闻，一个弱女子跋涉千里寻找自己的丈夫，最后哭倒长城，她对爱情的忠贞和勇敢，在人们的传颂中成为千古绝唱。

其实在流传之初，孟姜女传说并没有哭长城的情节，甚至孟姜女的名字也是很久以后才出现。这还要从《左传》说起。据说公元前549年，齐国有一位名叫杞梁的将领为国捐躯，当时杞梁的妻子不接受齐庄公在郊外吊唁的行为，认为这过于草率和有失礼节。此时的杞梁妻只是一个懂礼节的女子。直到两百年后的《檀弓》记载"其妻迎其柩于路而哭之哀"，这才有了哭的情节，并一直延续到西汉。东汉刘向的《列女传》中有"杞梁妻向城而哭，城为之崩……赴淄水而死"等记载，自此出现了崩城、投水的情节。至于"哭长城"，在唐代才有了确切记载和流传，贯休的《杞梁妻》这样说道：

"秦之无道兮四海枯，筑长城兮遮北胡。筑人筑土一万里，杞梁贞妇啼呜呜。上无父兮中无夫，下无子兮孤复孤。一号城崩塞色苦，再号杞梁骨出土。疲魂饥魄相逐归，陌上少年莫相非。"可见，贯休将发生在春秋时代的事情转移到了秦代，认为杞梁妻哭倒的是长城。其实这并非偶然，历朝历代的百姓承受着繁重的兵役、徭役，早在汉代就有对筑城惨死的记载，陈琳在《饮马长城窟行》中咏叹"君独不见长城下，死人骸骨相撑拄"就是对这种民生疾苦的反映。于是人们将杞梁妻哭夫同长城联系起来，借杞梁之妻的故事浇自己的块垒，经过人们情感的渲染，渐渐成为广为流传的故事。

杞梁妻后来被定名为孟姜女。对此，顾颉刚先生认为，孟姜是齐国年轻貌美女子的代称。当齐国出现了杞梁妻这个知礼、贞节的典型人物之后，其心灵之美便与孟姜女的形象联系在了一起。以外，民间还流传有孟仲姿的说法，孟姜女丈夫的名字也有很多：范杞梁、万喜良、万杞梁、范喜郎等。

孟姜女故事一直受到人们的口耳相传，她为远方的丈夫送寒衣，当发现丈夫已经在饥寒劳累中死去时，她发出了悲痛的哭喊，最终哭倒长城，将丈夫的尸骨埋葬，自己也投海而亡。如今，在民间小调里依然有《孟姜女十二月调》，京韵大鼓也有著名唱段《孟姜女》，正如唱词中讲述的那样：孟姜女哭长城令人难忘，真称得起亘古无双，一味贤良，美名在万古扬。

董永传说——一个孝子的爱情故事

20世纪50年代，一出黄梅戏《天仙配》，将"董永与七仙女"的故事传遍大江南北，其后数十年中，经过几代戏曲艺术家的演绎，这部充满浪漫色彩又不乏悲情的经典传说更是广为人知，其中"夫妻双双把家还"等名段，更是家喻户晓。

东晋人干宝在《搜神记》中较为完整地记录了董永传说：孝子董永自幼丧母，与父亲艰苦度日，后来父亲得病身亡，他没钱埋葬父亲，只好将自己卖给一个姓傅的地主，地主给他钱让他去埋葬父亲并在家守孝。三年以后，董永准备回到地主家继续服劳役，路上遇到一位女子，女子告诉董永愿意做他的妻子。董永带着女子来到地主家，并对他说："您给的钱我已经用来埋葬了父亲，现在我来您这里就是来替您干活，以报答您的恩情。"地主问："女子有什么特长？"董永说："会织布。"地主说："要是这样的话，你让你的妻子给我织一百匹布吧。"于是董永的妻子为地主织布，仅用十天就织好了，女子对董永说："我本是天上的仙女，因为你的孝行感动了天帝，我奉他的命令下界帮你还债，现在债还完了，我也该走了。"说完就飞走了。

在传承中，该故事的情节不断丰满，宋代的《太平御览》将该故事主人公提前至西汉时期。元代郭居敬将董永传说收录至"二十四孝"，名为"卖身葬父"。元明清及以后，董永与七仙女的传说逐渐被纳入到戏剧中传承。明代传奇故事《织锦记》中将董永与七仙女所生的孩子附会为西汉时期的董仲舒，但此说法并未得到流传。清至民国时期，该故事被多种地方戏传演，不过大都没有留下完整的唱本。直到20世纪50年代，经洪非等人改编的《天仙配》，通过黄梅戏表演艺术家严凤英与王少舫的精彩演绎，让这个既融合了孝道文化又不乏凄美爱情的传说有了新发展。20世纪八九十年代，该故事突破戏曲形式，被改编为电视剧、电影，更加广为人知。

在民间有很多富有地方特色的董永传说，并保存着许多相关风俗及与董永身世有关的文物、碑碣、村落、地名等遗迹。据说现在湖北孝感市的名称即来源于此。山西万荣、江苏东台、河南武陟、湖北孝感等地不仅有和董永相关的遗迹，而且地方志中也多有记载。有的地方至今还有相关民俗活动，如河南武陟县农历二月初三和十一月初十会举办祭拜孝子的庙会。

董永与七仙女的传说传承两千年未衰，既反映了人们对于孝道文化的推崇，又体现了人们对于美好爱情与幸福婚姻的追求，它将神奇幻想同人间现实巧妙地融合在一起，至今深受人们喜爱。

西施传说——关于美人复国的故事

苏东坡在面对西湖美景时，写下"欲把西湖比西子，淡妆浓抹总相宜"的千古佳句，既成就了西湖别称"西子湖"的美誉，又极言西施的美貌无双。沉鱼落雁，闭月羞花，在古代四大美人中，有"沉鱼"之貌的就是西施。

相传西施为春秋时越国人，据说少女时期她经常到村中不远处的小溪旁浣纱，其美貌惹得水中鱼儿忘记游水，吐着水泡沉入溪底，于是有了"沉鱼"的美誉。浙江苎萝山的石块上至今尚有大书法家王羲之撰写的"浣纱"二字，相传这是西施经常浣纱的地方，旁边的小溪也被称为浣纱溪。此外，"东施效颦"的故事也反映出西施之美，说她有次身体不适，走路时捂着胸口紧蹙眉头，这引来邻村一丑女的效仿，结果该女子遭到众人的嘲笑。

提及西施，除了美貌外，最值得称道的莫过于她曾帮助越王雪耻复国。相传越王勾践被吴王夫差击败，沦为吴国的人质，卧薪尝胆，忍辱三年才被放回。越国大夫文种向勾践献美人计，范蠡奉命在全国范围内寻找美女，最终在苎萝村遇到了西施、郑旦二人，并将她们带回国都会稽。有人认为，真正的美人必须具备三个条件，一是美貌，二是善歌舞，三是体态优雅。西施如出水芙蓉，只具备美貌，于是越王又花费三年时间教习她舞蹈与礼仪，最终她举手投足间，都显出体态优美，待人接物十分得体。在盛装打扮之后，越王将西施送到吴国。吴王夫差果然十分喜欢，在姑苏建造春宵宫，修建大水池，池中设青龙舟，又为西施建造了表演歌舞和欢宴的馆娃宫、灵馆等。西施擅长跳"响屐舞"，夫差又专门为她筑"响屐廊"，用数以百计的大缸，上铺木板，西施脚穿木屐，裙系小铃，起舞时，铃声和大缸回响声"铮铮嗒嗒"交织在一起，使吴王如醉如痴，沉湎女色，不理朝政，终于走到丧国的地步。

　　西施复国传说无疑让这位美貌女子成为有功之臣，但就结局来看，她非但没受到礼遇，相反极为凄惨。相传复国后，越王勾践认为西施是误国尤物，将其装入皮袋子里沉江了，《墨子·亲士》中记载："西施之沉，其美也"，说的是西施被沉江缘于其美貌。关于西施的结局，还有一种更为人们接受的说法，说在复国功成后，她与钟情的范蠡共同泛舟湖上，不知所终。

在两千多年的传承中，西施的故事衍生出许多相关风俗与遗迹，同时又进一步衍生出许多相关传说，使其更加丰满完善。时至今日，西施传说早已突破口头传承的方式，以更加多元的方式得以传播，许多影视作品将其改编搬上银幕，这位千古流传的美人依然为人们津津乐道。

济公传说——爱打抱不平的济世活佛

"鞋儿破，帽儿破，身上的袈裟破；你笑我，他笑我，一把扇儿破……"在 20 世纪 80 年代的电视剧《济公》中，剧中济公的饰演者游本昌以诙谐自如、妙趣横生的表演，赢得了公众的广泛好评，剧集播出时达到了万人空巷的境地，活佛济公的故事也随之更加深入人心。

济公生于南宋绍兴十八年（1148 年），卒于嘉定二年（1209 年），原名李修缘，天台县永宁村人，南宋高僧，法名道济。他的高祖李遵勖是宋太宗驸马、镇国军节度使。李家世代信佛，他的父亲李茂春和母亲王氏住在天台北门外永宁村。李茂春年近四旬，膝下无嗣，虔诚拜佛终得此子。济公出生后，国清寺住持为他取俗名修缘，从此与佛门结下深缘。

济公破帽、破扇、破鞋、垢衲衣，貌似疯癫，初在杭州灵隐寺出家，后住净慈寺，不受戒律拘束，嗜好酒肉，举止似痴若狂，是一位学问渊博、行善积德的得道高僧，被列为禅宗第五十祖，杨岐派第六祖。在一些寺院的罗汉堂，人们往往能够看到在距离释迦牟尼佛不远的房梁上躺着一位僧人，此人便是济公。相传，释迦牟尼佛开坛讲经，作为降龙罗汉的济公和尚因救一位被恶霸抢占的女子而误了时辰，等赶到经坛时，已经没有了座位，自己只好在房梁上半躺着听经。

济公懂医术，为百姓治愈了不少疑难杂症。济公好打抱不平，息人之争，救人之命。济公的扶危济困、除暴安良、彰善罚恶等种种美德，在人们的心目中留下了独特而美好的印象。于是，人们因其扶危济困而尊他为"济公活佛"。

有关济公的故事传说在南宋时代即已开始流传，先是有关凡俗神童李修缘或得道高僧道济的一些富有传奇色彩的片段故事在民间耳闻口传，后来通过说书人的话本说唱，内容逐渐丰富。在济公故乡天台一带流传的多是他的出世、童年生活、戏侮、惩恶、扶困济贫的故事，其中如"济公出世""小济公芥菜叶泼水救净寺""利济桥""棒打寿联""赭溪救童""修缘出家"等广为流传。而在杭嘉湖一带流传的故事内容更为广泛，这是因为那里是济公出家后的主要生活和活动场所，其中以"飞来峰""古井运木""戏弄秦相府"等故事最为脍炙人口。直至明末清初，出现了一部描写济公传奇事迹的《济公传》。

作为中国家喻户晓的一个人物，济公的一生富有传奇色彩。他既"癫"且"济"，其扶危济困、除暴安良、彰善罚恶等种种美德，在人们的心目中留下了独特而美好的印象，人们怀念他、神化他。于是，凡人道济成为了历代供奉祭祀的神灵，其成佛后的尊号长达 28 个字："大慈大悲大仁大慧紫金罗汉阿那尊者神功广济先师三元赞化天尊"，可谓集佛、道、儒于一身，堪称神化之极致。这也充分说明济公深受广大人民群众的喜爱，已经真正成为了人们心中的"活佛"。

刘三姐歌谣——惩恶扬善的壮族歌仙

1961 年，电影《刘三姐》的上映，让这个机智善良、爱唱歌的壮族小姑娘的形象一夜之间传遍了大江南北。

刘三姐又称"刘三妹"，是中国壮族民间传说中的"歌仙"。关于其身世，不同地区流传着不同版本。然而，最广泛流传的当属在广西一带的传说。

刘三姐的传说最早见于南宋王象之《舆地纪胜》卷九十八《三妹山》。明清以来，有关她的传说与歌谣文献记载很多。壮族民间口耳相传的故事与歌谣更为丰富。

关于刘三姐原型身世，说法颇多。据广西县志记载：刘三姐原来出生在天河县下里的蓝靛村（今罗城下里乡蓝靛村），那里还有她故居的遗址，该村刘姓的族谱还有记载。下里离罗城的县城很近，刘三姐常到罗城去唱山歌。罗城有"三姐望乡"和"秀才看榜"两块天然的大石，城关的多吉寺的后殿正中曾经供奉有"歌仙"刘三姐的神像，被称为"三姐歌殿"，游人常在那里对歌，在国内是独一无二的。1958 年，《刘三姐彩调剧》创作组经过深入民间采风，认定刘三姐是罗城人。

传说刘三姐生于唐朝中宗年间（618—907），真名叫刘三妹，是广西壮族人，活跃在广西柳江流域，是个优秀的民歌手。她有着出口成歌的本领，不但歌唱得好，人长得也非常漂亮。在 17 岁这年对歌的时候，三妹认识了一位青年。这位英俊的小伙子也是一个唱歌能手。在对歌当中，两人情投意合，互相爱慕，于是就私定了终身。可是好景不长，村里的一个恶霸对三妹垂涎多时，见三妹与小伙子情投意合，大发雷霆，决意把三妹抢到手。一天晚上，月光皎洁，三妹正和小伙子坐在柳江边的岩石上看月亮，倾诉衷肠。忽然，火把晃动，人声鼎沸，原来是恶霸抢人来了。三妹和小伙子望望无路可走的山，又望望柳江，决定要生在一起，死在一道。于是，二人手拉着手，双双跳进柳江那滚滚的波涛里。

为怀念这位民间的音乐家，每年的三月三，人们便来到柳江边上赛歌，以此悼念"刘三姐"。时至今日，当地人还有这样的说法：三姐骑鱼上青天，留下山歌万万千。如今广西成歌海，都是三姐亲口传。

1984年，广西壮族自治区人民政府正式将三月三这一天定为壮族的全民性节日——"三月三"歌节。节日期间，岭南壮乡四海宾朋云集，歌如海，人如潮。那不绝于耳的嘹亮歌声，寄托着人们对"歌仙"刘三姐的思念和对丰收、对爱情、对幸福美好生活的憧憬与向往。

2006年，广西壮族自治区宜州市申报的"刘三姐歌谣"，入选第一批国家级非物质文化遗产名录。后经国家考证研究决定：宜州市作为刘三姐的故乡。

最后，有一点需要说明的是，通检民国以前的各种文献，无论是文人笔记还是乡土志，几乎只有"刘三妹"一种称呼。"刘三姐"一名成为当今通名，主要是因为20世纪60年代以来电影及歌剧《刘三姐》的影响。现代文艺的传播威力远胜于传统的口口相传，因而改变了历代以来对于这位南国歌仙的通俗称谓。也就是说，刘三妹由口头传统的"妹"成长为书面文学的"姐"，只是20世纪下半叶以后的事。

阿诗玛——撒尼人精神的折射

"马铃儿响来玉鸟儿唱，我和阿黑哥回家乡，清早离开热布巴拉家，妈妈从此不忧伤……"这首诞生于1964年的电影插曲，现在已经传唱五十年并早已成为经典名曲，歌曲里面的"阿诗玛""阿黑哥"都是云南彝族撒尼人民间传说中的人物。现在，云南路南石林地区，人们称呼年轻的小伙子为"阿黑哥"，而称呼年轻的女孩子为"阿诗玛"，也是源自云南彝族撒尼人的充满悲剧色彩的凄美爱情故事——《阿诗玛》。

相传，云南阿着底地方有个彝族姑娘名叫阿诗玛，她善良美丽，与勇敢憨厚、多才多艺的青年阿黑相爱。头人热不巴拉的儿子阿支，也相中了阿诗玛的美貌，并一直想娶阿诗玛为妻。有一次，阿支在彝族传统舞会上戏弄阿诗玛，遭到严厉斥责。阿支贼心不死，央求媒人带着厚礼前去提亲，又被阿诗玛断然拒绝。于是，阿支便趁着阿黑到远方放牧时，派人将阿诗玛抢走。

聪明的阿诗玛寻机会将她和阿黑的定情信物山茶花投入溪水

中，溪水立即停止了流动。身在远方的阿黑得到消息立即赶回来搭救阿诗玛。阿支劫走阿诗玛后，用尽各种威胁和利诱，都不能使她屈服。恼羞成怒的阿支正准备用鞭子抽打阿诗玛时，阿黑赶到。于是阿支提出与阿黑赛歌，以此决出胜负。几个回合以后，阿支便败下阵来。阿支仍不死心，又提出与阿黑比赛干农活、上山打虎等一系列比试，都被阿黑击败。阿支又企图用暗箭杀死阿黑，阿黑愤怒地用神箭射穿寨门和大厅柱子，箭射在了神主的牌位上，阿支令家丁用力拔，那根神箭却丝毫不动，阿支害怕了阿黑的威力，只得将阿诗玛放回。从热不巴拉家回来，阿黑和阿诗玛两个互相爱慕的年轻人，同骑一匹马回家。

路上，两个人在小溪边休息。阿支带人偷走了阿黑的神箭，并放洪水将阿诗玛淹没，洪水过后，阿黑绝望地呼唤着阿诗玛的名字，但阿诗玛早已经变成一座美丽的石像，永远站立在石林之中了。直到现在，人们去石林旅游，还能看见一尊酷似小姑娘的石柱，当地人说，这就是阿诗玛幻化而成的。

这个长期流传在云南石林一带的民间传说，用诗一般的语言讲述了撒尼人心目中美丽善良的姑娘阿诗玛的悲剧命运，是撒尼人的集体创作，充分体现了撒尼地区的风土人情和撒尼人民的精神品质，他们代代传承这个充满悲剧色彩的民间故事，表现的正是撒尼人的勤劳智慧和他们反抗邪恶势力的斗争精神，以及他们对美好自由爱情的向往。其艺术魅力随时间的冲刷而历久弥新，不减光芒，成为我国民族文学百花园中一块璀璨的瑰宝。

江格尔——蒙古民族文学的瑰宝

《江格尔》是蒙古族史诗演唱艺人传唱至今的活态的英雄长篇史诗，与藏族《格萨尔王》、柯尔克孜族《玛纳斯》一起被称为中国少数民族三大英雄史诗。它长期在民间口头流传，经过历代蒙古民众，尤其是演唱《江格尔》的民间艺人"江格尔奇"的不断加工、丰富，篇幅逐渐增多，内容逐渐丰富，最后形成一部大型史诗。

《江格尔》最初流传于新疆阿尔泰蒙古族卫拉特部地区，以后传播到各个蒙古族聚居区。它不仅在我国蒙古族内流传，而且还受到俄罗斯伏尔加河下游的卡尔梅克人与蒙古国的卫特拉人及喀尔喀人的喜爱，是一部名副其实的跨国界史诗。史诗主要情节由围绕着江格尔、洪古尔等英雄人物连接的数十个故事组成，每一部分可以独立成篇，由"江格尔奇"单独演唱。史诗大体讲述的是江格尔两岁时，父母被莽古思掳去杀掉，他本人则隐藏在山洞度过劫难，后来被好心牧人收养，从小就充满智慧，而且力大无比，七岁开始建功立业，之后率领牧民兼并了邻近四十二个部落，被臣民推举为宝木巴汗国可汗。整部史诗围绕着抢婚、夺财、抢占牧地等展开一幅幅惊心动魄的战争场面，从中我们可以了解远古蒙古社会的经济文化、生活习俗、政治制度等诸多方面。

在数百年流传过程中，《江格尔》很早就突破口头传承出现手抄本，不过手抄本也是在民间流行，人们称之为"立江格尔"。清乾隆十六年，也就是 1771 年开始了整理《江格尔》的工作，主要是由新疆的蒙古族贵族分别整理，出现了十三回、三十二回等不同的版本。新中国成立后，经过学者进一步整理，现在较为流行的有十三章本和十五章本等。

《江格尔》在产生之后，很长一段时间里都属于神圣叙事。相传过去从正月初到正月底，蒙古族喇嘛、王公和官吏们都要聚集在王府聆听"江格尔奇"演唱《江格尔》，他们认为演唱这部史诗可以祈福消灾，而艺人在演唱史诗前，也往往要焚香祭拜，否则会招致旋风等灾难。到了现代，《江格尔》演唱活动变为民众一般娱乐活动，"江格尔奇"的演唱也不再受到时间和场地限制。

2006 年 5 月 20 日，《江格尔》经国务院批准，列入第一批国家级非物质文化遗产名录。《江格尔》通过其丰富的思想内容和生动的艺术形象，描绘了洋溢着草原生活气息的风景画与生活图景，体现了蒙古民族特有的性格特征和审美情趣，在艺术风格方面具有鲜明的民族特色，其艺术上所达到的高度成就，在蒙古族文学史、社会发展史、思想史、文化史上都具有重要地位，是蒙古民族文学的瑰宝。

格萨尔——藏族社会的百科全书

《格萨尔王传》是藏族人民集体创作的一部伟大的英雄史诗，历史悠久，结构宏伟，卷帙浩繁，内容丰富，气势磅礴，流传广泛。史诗从生成、基本定型到不断演进，包含了藏民族文化的全部原始内核，具有很高的学术价值和艺术价值，是研究古代藏族社会的一部百科全书，被誉为"东方的荷马史诗"。同时，《格萨尔王传》也是世界上罕有的活史诗，至今仍有上百位民间艺人在中国的西藏、四川、内蒙古、青海等地区传唱着英雄格萨尔王的丰功伟绩。

《格萨尔王传》主要分成三个部分，即降生（格萨尔降生部分）、征战（格萨尔降伏妖魔的过程）、结束（格萨尔返回天界）。

在很久很久以前，天灾人祸遍及藏区，妖魔鬼怪横行，黎民百姓遭受荼毒。大慈大悲的观世音菩萨为了普度众生出苦海，向阿弥陀佛请求派天神之子下凡降魔。神子推巴噶瓦发愿到藏区，做黑头发藏人的君王——格萨尔王。

为了让格萨尔能够完成降妖伏魔、抑强扶弱、造福百姓的神圣使命，史诗的作者们赋予他特殊的品格和非凡的才能，把他塑造成神、龙、念（藏族原始宗教里的一种厉神）三者合一的半人半神的英雄。

格萨尔降临人间后，多次遭到陷害，但由于他本身的力量和诸天神的保护，不仅未遭毒手，反而将害人的妖魔和鬼怪杀死。

格萨尔从诞生之日起就开始为民除害，造福百姓。5岁时，格萨尔与母亲移居黄河之畔。8岁时，岭部落也迁移至此。12岁时，格萨尔在部落的赛马大会上取得胜利，并获得王位，同时娶森姜珠牡为妃。从此，格萨尔开始施展天威，东讨西伐，南征北战，降伏了入侵岭国的北方妖魔，战胜了霍尔国的白帐王、姜国的萨丹王、门域的辛赤王、大食的诺尔王、卡切松耳石的赤丹王、祝古的托桂王等，先后降伏了几十个"宗"（藏族古代的部落和小邦国家）。

在降伏了人间妖魔之后，格萨尔功德圆满，与母亲郭姆、王妃森姜珠牡等一同返回天界，规模宏伟的史诗《格萨尔王传》到此结束。

格萨尔王是古代藏族人民的英雄，其降魔驱害造福藏族人民的光辉业绩，早在 10—11 世纪就在我国有雪域之称的西藏草原、风光绮丽的青海湖边、巍峨的日月山下、丝绸古道的陇原大地、天府之国的四川盆地、美丽的孔雀之乡云南等省区民间广泛流传，至今人民依然怀念歌颂着这位民族英雄。

《格萨尔王传》的文字大约产生在古代藏族氏族社会开始瓦解、奴隶制国家政权逐渐形成的历史时期，即公元前二三百年至公元 6 世纪之间。现存《格萨尔王传》共有 120 多部，100 多万诗行，2000 多万字，是世界上最长的一部英雄史诗。就数量来讲，比世界上最著名的五大史诗——古代巴比伦史诗《吉尔伽美什》、希腊史诗《伊利亚特》和《奥德修记》、印度史诗《罗摩衍那》和《摩诃婆罗多》的总和还要多。迄今为止发现的藏文版本已达 50 多部。

作为世界上迄今为止发现的史诗中演唱篇幅最长的英雄史诗，《格萨尔王传》既是族群文化多样性的熔炉，又是多民族民间文化可持续发展的见证，代表着古代藏族、蒙古族民间文化与口头叙事艺术的最高成就，无数游吟歌手世代承袭着有关它的吟唱和表演。

　　作为一部不朽的英雄史诗，《格萨尔王传》是在藏族古代神话传说、诗歌和谚语等民间文学的丰厚基础上产生和发展起来的，提供了宝贵的原始社会的形态和丰富的资料，代表着古代藏族文化的最高成就，同时也是一部形象化的古代藏族历史。

第九章
戏曲曲艺

昆曲——中国戏曲的一朵幽兰

在我国的戏曲宝库中，有一种戏曲类型，它演唱时含蓄婉转、一唱三叹，表演时华丽飘逸，细腻动人，内容多围绕才子佳人的故事，被公认为戏曲文化中的雅部，它就是昆曲。

昆曲是我国现存的声腔中最古老的艺术形式，如果从元末明初的"昆山腔"算起，它已经有六七百年的历史。它发源于苏州昆山地区，和当时的海盐腔、余姚腔、弋阳腔，并称为南戏四大声腔。昆山腔从一个地方小戏发展为全国范围的主流艺术，离不开一个叫魏良辅的人，他经过潜心研究发明出"水磨腔"，使昆腔轻灵婉转，气韵悠长，受到上流文人雅士的喜爱，最终脱颖而出。之后，以梁辰鱼创作的《浣纱记》为标志，昆曲由清唱进入到舞台剧表演阶段，这让昆曲开始成为一个剧种，最终风靡全国，跨越明清两代，称霸梨园。

昆曲创造了我国戏曲史上不朽的辉煌。在它长达数百年的发展历程中，涌现出一大批戏剧家及经典作品。明代汤显祖的《牡丹亭》在今天仍然家喻户晓，久居深闺的少女杜丽娘在梦里爱上书生柳梦梅，梦醒后，杜丽娘思念成疾，她给自己画了一幅肖像画，并题诗一首，不久便辞世。千里之外的书生柳梦梅也做了一个同样的梦，他四处寻找，终于通过题诗的画像知道杜丽娘就是自己要找的美人，最终他在梦里和阴间的杜丽娘相见，他们的爱情故事感动了阎王，于是二人还魂，最终结为夫妻。整部剧在讲"生者可以死，死者可以生"的爱情故事，感动了当时无数的青年男女。昆曲在清代也得到长足的发展，著名的"南洪北孔"就是代表，洪昇的《长生殿》对李隆基和杨玉环的爱情悲剧给予了同情，孔尚任的《桃花扇》"借离合之情，写兴亡之感"，都为昆曲注入了新的活力。

可以说，在清代中叶以前，昆曲都占据着主流地位。但此时昆曲已经变得晦涩深奥，凝重低沉，终于引起人们的审美疲劳。此时出现了戏曲史上著名的"花雅之争"，以京剧为代表的花部战胜了雅部的昆曲。昆曲逐渐趋于没落。直到新中国成立后，周恩来总理称赞昆曲为"空谷幽兰"，并支持昆曲《十五贯》的排演，昆曲的生命得以延续。

可喜的是，昆曲在今天又焕发出新的活力。2001 年，昆曲入选为世界第一批人类口头和非物质文化遗产，这也是我国第一个进入世界级非遗的项目。台湾剧作家白先勇先生制作的青春版《牡丹亭》一经上演，便受到广泛热烈的欢迎，如今巡演已经整整十年。"如花美眷，似水流年"，一代又一代的中国人在感慨年华匆匆时，依然会发出这样的感慨，昆曲已经成为传承中华民族精神特质的文化血脉。

京剧——以歌舞演历史的国粹艺术

一说到国粹，相信大多数人会想到京剧。"蓝脸的窦尔敦盗御马，红脸的关公战长沙，黄脸的典韦，白脸的曹操，黑脸的张飞，叫喳喳……"一首耳熟能详的《说唱脸谱》将人们带入京剧的世界。京剧行当主要有生、旦、净、丑，而我们熟知的脸谱，主要用于"净"行，俗称"花脸"。除此之外，京剧还有很多有趣的故事。

京剧诞生于清朝中叶，以徽班进京为标志。公元 1790 年，为庆祝乾隆皇帝的八十大寿，全国各路戏曲精英被召集进京演出，其中就有来自安徽的四大戏班：三庆班、四喜班、和春班和春台班，他们的表演精湛独特，引起人们的注意。此后，徽班留在京城继续演出，和当时的秦腔、汉剧、昆曲相互融合，吸取各家之长，逐渐形成了京剧。

京剧是集唱、念、做、打于一体的综合性舞台表演艺术。唱腔以西皮、二黄为主，所以京剧在产生之初，又被称为皮黄戏。西皮明快活泼，多用于叙事，二黄平稳低徊，多用于抒情。俗话说：唐三千，宋八百，唱不完的周列国。京剧的剧目多达上千种，以历史题材为主，多用来表现帝王将相的故事，这也是京剧率先依靠老生行当迅速崛起的原因。

在两百多年的发展历程中，京剧可谓是流派纷呈，名家辈出。道光年间，老生行当出现以程长庚、余三胜和张二奎为代表的前"三鼎甲"局面，他们的演唱慷慨激昂、刚健硬朗，发出时代的黄钟大吕之声。其后，以谭鑫培、汪桂芬、孙菊仙为代表的新"三鼎甲"继往开来，并辟出老生行当的新局面，有"伶界大王"之称的谭鑫培演唱刚柔相济、气韵悠长，更是丰富了老生唱腔的艺术表现力，"无腔不谭"已经成为京剧界的共识。与此同时，旦角也逐渐取得突破，同光年间的梅巧玲让旦角独树一帜，脱颖而出。民国以后，京剧进入更加繁盛的时期，不仅出现家喻户晓的梅、尚、程、荀"四大名旦"，还出现余叔岩、高庆奎、言菊朋和马连良组成的"四大须生"。不仅如此，京剧还走出国门，这离不开梅派大师梅兰芳的影响，他曾多次访问日本、美国、苏联等国家，让京剧艺术在国际舞台上声名远播。

戏曲是以歌舞演故事的艺术，京剧演绎的正是中国的历史、中国的故事，在我国戏曲史上写下浓墨重彩的一笔。如今，京剧已经被公认为国粹，成为代表中国传统文化的符号。它凝结着中国戏剧的奥妙与精髓，反映出中华民族的思想精神、道德规范和审美情趣。2010年，京剧入选为世界非物质文化遗产，它将继续活跃在今天的舞台上，以其博大精深影响一代又一代的人们。

粤剧——戏曲界的南国红豆

粤剧又称"大戏"或者"广东大戏"，是汉族戏曲之一。周恩来总理曾说过，"昆曲是江南的兰花，粤剧是南国的红豆"，把粤剧与中国最古老的昆剧相提并论，给予了高度的评价和赞扬。从此，"南国红豆"便成为了粤剧的美称。

粤剧不但深受广东人喜爱，而且深受粤、桂人民和港澳同胞以及海外华人的喜爱，是中国最先走向世界的剧种。作为我国广东省最大的地方戏曲剧种，粤剧随着粤语华人的移民及其对粤剧的喜爱和传唱，被传播到世界各地。其中，新加坡便有"粤剧第二故乡"之称。

关于粤剧的产生和形成，可谓众说纷纭，莫衷一是。但普遍认为，粤剧于明朝中叶开始萌芽，孕育于本地班。据史载，早在明代嘉靖至万历年间，在佛山、广州，本地班已建立了琼花会馆这一行业组织。经过不断发展，由弋阳腔和昆腔与广东本地流行的南音、龙舟、木鱼、粤讴、咸水歌等民间曲调以及广东器乐乐曲结合而成。直至清末民初，逐渐演变为融集南北、中外唱腔音乐，以广州话演唱，从而形成具有鲜明岭南特色的地方戏剧——粤剧。

粤剧有别于外省戏曲的独特之处在于，它既属于中国写意派戏剧范畴，又具有轻快流畅、新颖善变的个性。

粤剧源自南戏，旧称"广府大戏"，又称"大戏"或者"广东大戏"，发源于佛山。早在汉代，佛山的表演艺术已十分盛行，自明朝嘉靖年间开始在广东、广西出现。粤剧是糅合唱念做打、乐师配乐、戏台服饰、抽象形体等的表演艺术，是融汇明清以来流入广东的海盐腔、弋阳腔、昆山腔、梆子等诸腔并吸收珠江三角洲的民间音乐所形成的以梆子（京剧称西皮）、二黄为主的我国南方一大剧种。

　　粤剧最初演出的语言是中原音韵，又称为戏棚官话。19世纪40年代中，广府戏已从开埠后的香港，传到东南亚的星马（新加坡、马来西亚）了。广府戏到了外国，西人称为Cantonese Opera。到了清朝末期，文化人为了方便宣扬革命而把演唱语言改为粤语，使广州人更容易明白。粤剧的名称虽在清光绪年间才出现，但其源流却可以追溯到四百多年前的明代中叶。新中国成立以前的三十年间，粤剧基本上分为"省港大班"与"过山班"（或称"落乡班"）两大派系。

　　戏剧内的角色，在粤剧及中国戏曲中被称为行当。粤剧的行当原为一末（老生）、二净（花面）、三正生（中年男角）、四正旦（青衣）、五正丑（男女导角）、六员外（大花面反派）、七小（小生，小武）、八贴（二帮花旦）、九夫（老旦）、十杂（手下、龙套之类），合称十大行当。后来被精简为六柱制，即文武生、小生、正印花旦、二帮花旦、丑生、武生。这都是根据角色的年纪、性别、性格、外型等特征来分类的。其中，"末"代表年老角色，"生"代表男性角色，"旦"代表女性角色，"净"就是性格刚强暴躁的男性角色，"丑"就是滑稽角色。

　　粤剧演员的表演工艺分为四大基本类别，即唱、做、念、打。粤曲的唱腔音乐主要分板腔类、曲牌类和诗赞类三种。

早期粤剧所使用的乐器只有二弦、提琴、月琴、箫笛、三弦和锣钹鼓板，声调比较简单。清朝粤剧解禁后，加入梆子。进入成熟期以后，粤剧所使用的乐器多达四十几种，大致可分为四大类：吹管乐器、弹拨乐器、拉弦乐器及敲击乐器。吹管乐器包括钥、埙、箫、管、笙、排箫、筝、角、笛、唢呐、芦笙、把乌；弹拨乐器包括古筝、琵琶和蝴蝶琴；拉弦乐器主要包括二胡、京胡、板胡、高胡、中胡、革胡、马头琴等；敲击乐器则包括卜鱼板、沙的、双皮鼓/梆鼓、钹、京锣、勾锣、战鼓、大木鱼、小木鱼、大锣及钹、大堂鼓。粤剧改革后，更接纳了萨克斯管、小提琴等多种西洋乐器，使音乐效果更臻完善。

粤剧名列于 2006 年 5 月 20 日公布的第一批 518 项国家级非物质文化遗产名录之内。2009 年，粤剧获联合国教科文组织肯定，列入人类非物质文化遗产名录。

黄梅戏——黄梅吐蕊香满城

"树上的鸟儿成双对，绿水青山带笑颜；从此再不受那奴役苦，夫妻双双把家还……"黄梅戏《天仙配》中七仙女与董永的这段经典对唱，经过几代艺人的演绎，早已经蜚声海内外。

黄梅戏，旧称黄梅调或采茶戏，与京剧、豫剧、评剧、越剧一起被列为全国五大剧种。其唱腔淳朴流畅，以明快抒情见长，具有丰富的表现力；表演质朴细致，以真实活泼著称。一曲《天仙配》，让黄梅戏流行于大江南北，在海外亦有较高声誉。

　　黄梅戏是与徽剧、庐剧、泗州戏并列的安徽四大优秀剧种之一，具有深厚的群众基础和丰富的文化底蕴，以优美的唱腔、动听的旋律唱响淮河两岸、大江南北。

　　黄梅戏的发源地有安徽怀宁说、安徽宿松说、安徽桐城说、湖北黄梅说，于清末在安徽省安庆市与当地民间艺术结合，并用安庆方言歌唱和念白，逐渐发展为一个新生的戏曲剧种，此时才被称为黄梅戏。可以说，黄梅戏的发源地是在安庆，曾一度被称为"怀腔""皖剧"。

　　黄梅戏的语言和声腔是以安庆、怀宁地方话为依托，与怀宁黄梅山一带民歌小调是完全一致的，后传入安庆，与当地民间艺术结合，并用安庆方言歌唱和念白，逐渐发展为一个新的戏曲剧种，当时称为怀腔或怀调，这就是早期的黄梅戏。其后，黄梅戏又借鉴吸收了青阳腔和徽调的音乐、表演和剧目，开始演出"本戏"，后以安庆为中心，经过一百多年（19 世纪初至解放前）的发展，逐渐成为了安徽主要的地方戏曲剧种和全国知名的大剧种。

黄梅戏的唱腔属板式变化体，有花腔、彩腔、主调三大腔系。花腔以演小戏为主，曲调健康朴实，优美欢快，具有浓厚的生活气息和民歌小调色彩；彩腔曲调欢畅，曾在花腔小戏中广泛使用；主调是黄梅戏传统正本大戏常用的唱腔，有平词、火攻、二行、三行之分。其中，平词是正本戏中最主要的唱腔，曲调严肃庄重，优美大方。

黄梅戏以抒情见长，韵味丰厚，唱腔纯朴清新，细腻动人，以明快抒情见长，具有丰富的表现力，且通俗易懂，易于普及，深受各地群众的喜爱。

在音乐伴奏上，早期黄梅戏由三人演奏堂鼓、钹、小锣、大锣等打击乐器，同时参加帮腔，号称"三打七唱"。新中国成立后，黄梅戏正式确立了以高胡为主奏乐器的伴奏体系。

黄梅戏以"唱"见长，素有"男怕《访友》、女怕《辞店》"之说。因为在《山伯访友》这出戏中，不仅梁山伯有大段唱段，还有一段梁、祝的对唱，合起来多达170余句，要求演员不换场唱完；而在《辞店》中，主角刘凤英有300多句唱词，其中一段有114句，要求演员一气唱完，难度可想而知。直到现在，这两出戏依然是被用来检验演员演唱功底的试金石。

就角色而言，黄梅戏最初的形态多为"两小戏"或"三小戏"，即只有生和旦角，至多再加上丑角，后来角色逐渐增多。据说，戏班子就以在化妆台上的位置，将角色分为"上四角"与"下四角"。其中，"上四角"为正旦、老生、正生、花脸，均坐在化妆台子的上方；"下四角"的花旦、老旦则坐在台子的下方，小生、丑角分别坐在左右两侧。虽然现在黄梅戏戏班已经不像早年那样简陋，但这种以上四角、下四角来区分演员行当的说法却被流传了下来。

2006年5月20日黄梅戏经国务院批准列入第一批国家级非物质文化遗产名录。

藏戏——雪域高原的天籁之音

美丽的雪域高原，有一种戴着面具表演和演唱的传统戏剧形式，它传承数百年，感染了无数藏族人民和周边其他民族，这就是藏戏。相传，藏戏形成于14世纪到15世纪，传承至今已有五六百年历史。

藏戏，在藏语中又被称为"阿吉拉姆"，意思是仙女姐妹。这个充满象征意义的名称源自一个传奇故事。距今六百多年前，著名得道高僧唐东杰布在拉萨河畔修行时，看到有许多试图过江的百姓被咆哮的河水吞噬，于是唐东杰布立志要为藏族百姓修桥。此善举得到许多善男信女的支持。修建曲水铁桥时，人力物力财力匮乏，眼看工程要停止，唐东杰布决定向其他地区信众募集资金。正巧在当时帮他修路的信众里面有七位能歌善舞的姐妹。唐东杰布亲自编节目，设计唱腔唱词，自己敲钹击鼓，教七姐妹唱歌跳舞，在中藏地区演出募集资金。七位姐妹美貌俊俏，舞姿优美，歌声清新，唱腔优美动听。凡是前来观看者，看到这样精彩的艺术表演，无不叹服。大家都说："今天在我们面前出现的莫不是拉姆下凡跳舞了。"传之后世，藏戏也渐渐就被称为阿吉拉姆了。在传承二百多年后，五世达赖执政西藏地区，为丰富僧人生活，指令在雪顿节时，从西藏各地农村藏戏班子中，选出几个负有声望的蓝面具藏戏班子到寺院演出，并形成制度，传承至今。

藏戏是为数不多的通过面具表现人物的剧种。藏戏的面具根据不同颜色，代表一个阶层的人物，深红色代表国王，浅红色代表大臣，黄色代表活佛，蓝色代表猎人，绿色代表女性，白色代表普通男性，黑色代表反面人物，半百半黑代表两面派等。另外，王子、公主、仙女、妃子等化粉妆，乞丐涂糌粑面，坏人涂锅灰等。

藏戏是一种没有特定舞台的表演艺术，表演时，不论是否扮演剧中角色，全体演员一同出场，围成半圈，轮到自己表演时，即出列表演，其余时间参加伴唱和伴舞。从戏剧的结构逻辑和审美追求上看，藏戏不以戏剧冲突为主要或最高目标，而是以尽量避讳戏剧冲突中的矛盾激化或避免悲剧结局为核心目标的一种期待和实现过程。因此在表演中，往往以插入的歌舞表演和丑角的戏剧逗乐方式打断戏剧冲突的进程。藏戏演出分为三部分：顿，即开场；雄，即正戏；扎西，意指吉祥的收尾。

藏戏于 2009 年入选联合国教科文组织公布的第三批人类口头非物质文化遗产代表作名录。它融文学、音乐、舞蹈、美术于一体，带有浓厚的藏传佛教色彩，代表青藏高原地区藏族的宗教文化传统，一代又一代的藏族人在藏戏的天籁之音中，延续着藏族地区古老的文化。

木偶戏——从葬品到戏剧的艺术

木偶戏是用木偶来表演故事的戏剧，是汉族传统艺术之一，在中国古代又称傀儡戏。

作为由演员在幕后操纵木制玩偶进行表演的一种戏剧形式，中国木偶戏历史悠久，普遍的观点是："源于汉，兴于唐。"三国时已有偶人可进行杂技表演，隋代则开始用偶人表演故事。表演时，演员在幕后一边操纵木偶，一边演唱，并配以音乐。根据木偶形体和操纵技术的不同，有布袋木偶、提线木偶、杖头木偶、铁线木偶等。

木偶戏的"演员"是双重的，真正当众演出的是"木偶"。木偶造型既是由人雕绘成的戏剧角色，又是为人操纵的戏具。

中国木偶艺术历史悠久、源远流长、品种繁多、技艺精湛。中国木偶真正成为艺术，还在于它的戏剧特征，人以木偶为媒介，"以歌舞演故事"。

元、明、清以来，木偶戏由城入乡，多种风格、流派形成木偶的造型艺术也因地域不同，出现了多种多样的造型特色。

中国木偶造型艺术的轨迹大体分三个阶段：一是三雕七画阶段。由艺人先雕头形，再画脸谱，以区别人物，造型主要靠画脸。二是雕绘结合阶段。造型、雕刻、绘画并重，讲求创造性和技法性，出现了专业偶头艺人和作坊。明清以前均属这两个阶段。三是可塑性与随意性阶段。现、当代木偶造型艺术家充分利用现代科技产品，根据戏剧内容的需要和时代审美趋向，设计、制作木偶，使之更富夸张性，更具木偶艺术特点，不仅摆脱了单纯戏曲化的传统，而且以各自不同的艺术追求，构成了绚烂多姿的木偶造型世界。这是中国木偶造型艺术前所未有的繁荣时代。

木偶是如何产生的，至今仍无定论。河南安阳殷墟出土了奴隶陶俑，春秋战国时期有了木俑。长沙马王堆西汉墓发掘出的乐俑、歌舞俑，工艺、种类和造型水准较前朝又有很大进步。这便是最初的木偶，它经历了一个由工艺到表演的变化过程：由祭仪而成了喜庆娱乐活动的一种方式。

1979 年，山东莱西县院里乡岱墅村发掘的一具高 193 厘米的大木偶，肢体由 13 段木条组成，关节可活动，坐、立、跪兼善。它的发现，一则体现了木偶自丧葬而娱人的过渡；二则表明，木偶制作已达到与真人无二、活动裕如的境地，这为木偶戏的萌芽奠定了坚实的物质基础。因而多数人认为，中国木偶艺术"源于俑"（服侍木俑、木乐俑、可活动的木歌舞俑）。

汉代已有"作魁儡"（《后汉书·五行志》）的记载；三国时马钧的"水转百戏"，显然是对汉代人戏的模仿；北齐时，水动的"机关木人"制作，技艺高超，尤其出现了"傀儡子"演"郭秃"故事的木偶艺术，暗示了中国木偶戏的形成年代。

依史而断，"至迟在公元 550 年至 577 年的北齐时代，中国已正式形成了由人直接操纵、木偶装扮具体人物、当众表演简单故事的木偶戏"。隋朝"百戏"中多"水饰"，"机关木人"多搬演神话、传说、三国故事，人物颇众，对木偶戏的制作与表演有直接影响。唐文化繁荣异常，歌舞戏、参军戏争奇斗艳，机关木人可以饮酒唱歌吹笙，表演与制作已达完美的统一。据敦煌莫高窟 31 窟所藏盛唐壁画及诗词歌赋推断，提线、杖头、布袋、"盘铃傀儡"等木偶类型，此时皆有。

新中国成立以后，木偶戏的表演更加丰富多彩，除了演出传统的戏曲节目外，还表演话剧、歌舞剧、连续剧，甚至出演广告等。与此同时，木偶戏也面临着与其他艺术形式的激烈竞争。

2006 年 5 月 20 日，木偶戏经国务院批准列入第一批国家级非物质文化遗产名录。

苏州评弹——婉转吴语弄清音

俗话说，"上有天堂，下有苏杭"，在这享有"人间天堂"美誉的苏州，有一种以吴侬软语演唱的民间曲艺传承三百年，艺人辈出，流传甚广，这便是被誉为"中国最美的声音"的苏州评弹。

苏州评弹是苏州评话和苏州弹词的总称，是采用以苏州话为代表的吴语方言徒口讲说表演的汉族曲艺说书形式。它产生并流行于苏州及江、浙、沪一带。

苏州评话，又称为大书，源于宋代的"说话"技艺。明末清初，著名评话艺人柳敬亭曾在苏州及其附近一带说书，与苏州评话最终成型有密切关系。苏州弹词，又称为小书，是一种以叙事为主、代言为辅的苏州方言说唱艺术。民间习惯将评话与弹词合称为"评弹"。据说乾隆到苏州时，曾把当地说书艺人王周士召来，弹唱《游龙传》，并将其带回宫廷进行表演。嘉庆、道光年间，评弹艺术迅速发展，出现"前四大家"，即陈遇乾、俞秀山、毛菖佩、陆世珍。同治、光绪年间，评弹传到上海并得到重视，在苏沪地区出现了以马如飞、姚时章、赵湘洲、王石泉"后四大名家"为代表的一批评弹艺人。清末民初，苏州评弹的表演重心转移到上海，随后继续向其他地方传播，1949年以后，苏州评弹已经成为上海、江苏、浙江一带最常见的曲种。

评话通常一人登台开讲，内容多为金戈铁马的历史演义和叱咤风云的侠义豪杰。弹词一般两人说唱，上手持三弦，下手抱琵琶，自弹自唱，内容多为儿女情长的传奇小说和民间故事。

评话和弹词均以说唱细腻见长，吴侬软语娓娓动听；演出中常穿插一些笑料，妙趣横生。弹词用吴音演唱，抑扬顿挫，轻清柔缓，弦琶琮铮，十分悦耳。经过历代艺人的创造发展，曲调流派纷呈，风格各异。

近四十多年来，评弹从内容到形式推陈出新，传统书目得到整理提高，反映现实生活的新编书目陆续涌现，中篇和短篇等新的演出形式日臻完善。

苏州评弹有说有唱，大体可分三种演出方式，即一人的单档，两人的双档，三人的三个档。演员均自弹自唱，伴奏乐器为小三弦和琵琶。唱腔音乐为板式变化体，主要曲调为能演唱不同风格内容的"书调"，同时也吸收许多曲牌及民歌小调，如"费伽调""乱鸡啼"等。"书调"是各种流派唱腔发展的基础，它通过不同艺人演唱，形成了丰富多彩的流派唱腔。

苏州评弹大致可分三大流派，即陈（遇乾）调、马（如飞）调、俞（秀山）调。经百余年的发展，又不断出现继承这三位名家风格，且又有创造发展自成一家的新流派。如"陈调"的继承人刘天韵、杨振雄；"俞调"的继承者夏荷生、朱慧珍，他们均自成一家。其中，"马调"对后世影响最大，多有继承并自成一派者，如薛（筱卿）调、沈（俭安）调、"琴调"（朱雪琴在"薛调"基础上的发展）。周（玉泉）调是在"马调"基础上的发展，而蒋（月泉）调又出自"周调"，如此发展繁衍形成了苏州评弹流派唱腔千姿百态的兴旺景象。

2006 年 5 月 20 日，苏州评弹经国务院批准列入第一批国家级非物质文化遗产名录。

京东大鼓——北方曲艺中的瑰宝

京东大鼓是发源于河北省的汉族说唱艺术，其主要乐器除了演唱者左手挟铜板、右手击鼓外，伴奏乐器主要是三弦。由于伴奏及曲调简单，演出全凭演员的演唱功夫和击鼓技巧，因此易学也易记，从而使得京东大鼓在天津地区演唱十分普及。特别是20世纪七八十年代，天津的群众文化相当普及，京东大鼓时常作为文艺汇演的一种表演项目，深受天津广大群众的欢迎。

京东大鼓流行于廊坊、承德、保定、唐山的部分地区，在不同时期和地方有过不同的称谓，先后有京东怯大鼓、乐停调、平谷调大鼓、平谷调、乐亭调大鼓、四平调大鼓、乐亭大鼓（与流行于河北唐山一带的乐亭大鼓名同实异）、铁片大鼓、铁板大鼓、承德地方大鼓等多个名称，其中尤其乐亭调大鼓在河北成名时间久长。

京东大鼓起源于京东三河、宝坻、香河一带的农村。据艺人祖谱及口碑资料，早在清乾隆中叶，河北省南皮县贾九堡村木板大鼓名家李文通（一说山东人，名尚志，绰号弦子李）从家乡逃荒来京东行艺。他吸收了京东广为流行的汉族民歌小调"靠山调"，丰富了木板大鼓的唱腔，增加了京东乡音，很受当地群众欢迎。因其演唱讲求韵味，人称这种京东风味的木板大鼓为"小口"木板大鼓。李文通在行艺中收徒张百奎（河间人）、曹占奎（大城人）、李振奎（义子）、崔登奎和邓殿奎，世称"清门五奎"，其中以邓殿奎（一说邓连奎）最为有名。

京东大鼓在20世纪30年代初期形成于天津，是刘文斌等艺人在以宝坻区县方音演唱平谷调的基础上，吸收河北民歌《妓女告状》及落腔调的旋律而形成的。

京东大鼓的表演形式最初为木板击节，后改为铁片、铜板。演唱者右手击书鼓，左手击板站立演唱；弦师弹大三弦伴奏，后又加入扬琴伴奏。其唱腔为板腔体，常用板式有"头板""二板""快板"和"锁板"。

京东大鼓唱词的基本格式为七字句（二、二、三），但句首常加三字头，句中也常嵌字、词及短语，句尾常加"哪""啊"等虚字。其短篇唱段多由八落或十落组成，一般为数十句唱词。

京东大鼓早期的特点是用"怯"音演唱，字少腔多，并伴以铁片击节。开板"未开书，我先表这头一回……"一唱就是十多分钟。由于节奏缓慢，经常是未等唱完，观众就已散去。在津艺人刘文斌等向其他曲种学习，对唱腔进行了大胆的改革。他们引用民歌《庙门开》的旋律，融合落腔调与平谷调的音乐，改变了开板慢、腔长的演唱方式，完善了"十三咳"的唱腔，创作出与原型大不相同的新曲调，这就是京东大鼓的基本唱腔，于20世纪20年代中期在天津定型。其唱腔音乐的调式有两种说法：宫调式和徵调式。从曲谱分析，调式交替是该曲种音乐的特点，主调式应为徵调式。

新中国成立前，在诸多京东大鼓艺人中，刘文斌的风格最突出，影响最大。他通过演唱短段，对京东大鼓的板式和唱腔做了进一步加工。他的演唱通俗幽默，平易无华，吐字清楚，明白如话，颇为一般市民观众特别是家庭妇女所喜爱。但当时仍使用"大鼓""杂曲""乐亭调""乐亭大鼓"等名称，直到1935年才正式定名为"京东大鼓"。不过，由于他的行腔板眼均不甚考究，所唱鼓词的文字也较粗糙，20世纪40年代末期，该曲种已日趋衰落。

新中国成立后，天津市业余演员董湘昆继承了刘文斌的演唱艺术，并在刘文斌唱腔特色的基础上，将宝坻区方音改用京音，进一步加工、规范唱腔，不断创作出适应时代的新曲目，深得广大观众的喜爱。在董湘昆等人的不懈努力下，20世纪60至70年代，京东大鼓音乐出现了高峰期，其曲种的影响也遍布全国各地。

2006年5月20日，京东大鼓经国务院批准列入第一批国家级非物质文化遗产名录。

莲花落——口吐莲花的民间曲艺

"竹龙又替水龙船，斗巧争奇色色鲜。笑煞城东王老爷，听人齐唱落离莲。"清代同治版《新淦县志》（今江西省新干县）中记载的这首诗里所提到的"落离莲"，指的就是"莲花落"。县志还记载了新干"莲花落"可上溯至宋朝，形于明盛于清。

其实，"莲花落"自古就在全国流传。大约从清代起，莲花落开始用各种方言演唱，形成了同一曲类的众多分支。从大的分区来看，大体上形成了北方和南方莲花落。其中，北方莲花落以京、津、冀为主要流传区域，南方莲花落以浙江绍兴、江西等为主要流传区域。

莲花落，一作莲花乐，源于唐、五代时的"散花乐"，最早为僧侣募化时所唱的宣传佛教教义的警世歌曲。宋代始流行民间。

清乾隆以后，出现了职业艺人，同时满族八旗子弟中也有不少爱好者，于是与民间流行的另一艺术形式"十不闲"合流，成为民间花会形式之一"天平会"，曲种名为"十不闲莲花落"，又称"十不闲"或"莲花落"，其内容多为写景抒情和演述民间故事的俗曲。演出时，先由全体人员敲击十不闲的打击乐器，做舞蹈动作，唱"四喜""八掌""架子曲"等曲调，作为序曲，然后演唱莲花落节目。

莲花落的演出形式有单曲、彩唱两种。单曲只由一人演唱故事，唱词采用叙述体；彩唱是由歌者二三人，分饰为旦、丑两种角色，分包赶角，略如戏曲，重插科打诨，以资笑乐。

莲花落在民间，由于演唱者的身份及演唱的形式不同而有派别之分。凡是子弟票友所演唱的组织，称为"清门"；而职业艺人的班社则称为"浑门"。这两派又统称"小口莲花落"，以别于乞丐所唱的"大口落子"或"大板落子"。

莲花落的曲调比较简单，只有上下句，常用板眼有"慢三眼""垛板""散板"等，腔调有"平调""悲调"之分，另外有"哭柳""云里翻""海底捞月"等特定曲调。通常一段唱腔开始时，必先有一"摔斗"，也叫"喊落"。

说到"莲花落"名字的由来，据说源于历史上均为盲人乞丐行讨而唱的戏文，内容主要为劝世文，扬善惩恶，因果报应，拜求施舍，吉祥口彩。因盲人拜佛从善，而莲花又是佛教的象征，演唱时大都是两人一伍，一唱一帮，各手执一常青树枝，上缀许多红色纸花，为"莲花"状，枝丫间用线串明钱，用于摇动，"嗦，嗦"作响，助打节拍，故名"莲花落"，也称"落离莲"或"摇钱树"。久而久之，人们只晓得"瞎子戏"而忘了曲种原名"莲花落"。为忌讳瞎子，斯文一点的人就改称为"光子戏"。因此，"莲花落"又有"光子戏"之名。其表演者多为一人，自说自唱，自打"七件子"伴奏。

所谓"七件子"，乃是分执于两手的竹板。其右手所执两片大竹板、左手所执五片小竹板，大竹板打板，小竹板打眼，相互配合有板有眼，说唱之词则随着板眼节奏进行表演，所以，俗称此为"七件子"。

时下的莲花落不仅有"七件子"伴奏，而且发展到弦乐器和打击乐器伴奏。其主要乐器有三弦、扬琴、二胡、木鱼等，后开始以四胡伴奏，并加用笃鼓、竹板、三翘板击节。演唱时，一人拉四胡，一人击鼓打板，演唱者手持三翘板，随音乐过门灵活打击，一直沿用至今。

2006 年，莲花落被列为首批国家级非物质文化遗产名录。

凤阳花鼓——民间曲艺中的"东方芭蕾"

"左手锣，右手鼓，手拿着锣鼓来唱歌。别的歌儿我也不会唱，单会唱个凤阳歌……"20 世纪 30 年代，随着"金嗓子"周璇的一曲《凤阳歌》，凤阳花鼓这个传承了数百年的地方民间曲艺变得广为人知。

凤阳花鼓，又称双条鼓、打花鼓、花鼓小锣，是安徽地区一种集曲艺和歌舞为一体的汉族民间表演艺术，流行于明清时期，最初表现形式为姑嫂二人，一人击鼓，一人击锣，口唱小调，鼓锣间敲。"音节凄婉，令人神醉"（《扬州画舫录》），内容多是"状家室流离之苦"（《清稗类钞》）。

凤阳花鼓与花鼓灯、花鼓戏并称为"凤阳三花"。凤阳花鼓主要分布于凤阳县燃灯、小溪河等乡镇一带，其曲艺形态的表演形式是由一人或二人自击小鼓和小锣伴奏，边舞边歌。历史上艺人多以此为出门卖艺的手段，凤阳花鼓因此而传遍大江南北。

清康熙、乾隆年间，许多文人的诗文记录了凤阳花鼓表演时载歌载舞的热闹场面。清中期以后，舞蹈因素逐渐从民间的凤阳花鼓中淡出，仅剩下唱曲部分，分为"坐唱"和"唱门头"两种形式。

"说凤阳，道凤阳，凤阳本是个好地方，自从出了个朱皇帝，十年倒有九年荒。"历史上，朱元璋建立明朝，徙江南巨户到凤阳府。由于凤阳府地区人口激增，灾荒也不断，导致这些迁徙的江南巨户希望回到江南，但朱元璋严禁他们离开凤阳府，所以他们想出了假扮卖艺、以打花鼓唱曲为生的方式离开凤阳府。又因明清两代，由于凤阳府（今皖北地区）一带是"三年恶水三年旱、三年蝗虫灾不断"的长年灾区，每年秋后都有成群结队的妇女外出卖唱乞讨，同时也有身背花鼓流落各地卖唱的职业艺人。明末流传范围继续扩大，表演盛况空前。清末，凤阳花鼓流传更广，有的甚至漂洋过海到东南亚一带活动。乾隆年间，有人将二人演唱的凤阳花鼓改编为凤阳花鼓歌舞，在宫廷中为皇帝演出。到了20世纪30年代，凤阳花鼓在唱片中广为流传。

凤阳花鼓这种流浪卖艺的汉族民间歌舞表演，在新中国成立后，被作为一种传统的民间艺术保留下来，并成为我国汉族民间喜庆丰收、欢度节日和反映劳动人民幸福生活的一种民间歌舞表演形式。

20世纪50年代初，文艺工作者对凤阳花鼓加以改革，增加采用了一些新的表现手法，剔除了小锣，专用小鼓伴奏演唱；花鼓小巧玲珑，鼓面直径三寸左右；鼓条为两根一点五尺左右的细竹根。表演者单手执鼓，另一只手执鼓条敲击鼓面，"双条鼓"由此得名。

改革开放以后，凤阳花鼓的形式和内容都有了很大变化，逐渐成为了凤阳人自娱自乐的工具。花鼓演唱在城乡更加普及，凡是遇到喜事，或接待宾客，凤阳人总要热情表演一番，以表达欢乐的心情。一直以来，凤阳县的孩子们还在节庆时跳这一地方特色的舞蹈，保持着古城的特色。花鼓的打法、舞步、花势、演唱等糅进了现代歌舞的技巧，在保持浓郁的地方特色的同时，形式更加活泼多样，气氛更加热烈欢快，凤阳花鼓的名声也越来越大。

作为根植于凤阳汉族民间的戏曲艺术瑰宝，凤阳花鼓素有凤阳"一绝"和"东方芭蕾"之美称。2006年，凤阳花鼓入选国家非物质文化遗产。

第十章

歌舞技艺

秧歌——来自传统的"广场舞"

如今，城市中的广场舞已经成为一道亮丽的风景。其实，在广场舞出现之前，广大的农村地区也有"广场舞"，那就是人们熟知的"扭秧歌"。

秧歌是土生土长的民间歌舞艺术。据说，它的起源与汉民族的农业文化密不可分。有人说，秧歌源于人们在田间劳作时，绕着秧苗有规律地走"十字步"，于是在右上左下的脚踏中，腰和胯很自然地呈现出"扭"的动作。也有人说，扭秧歌是因为在踩高跷的时候，为了避免跌倒，需要身体前后左右挪动来保持平衡。还有人说，扭秧歌和缠足有关，过去的妇女要用三寸金莲负荷起成人的体重，只能艰难缓慢地向前移动，呈现出"扭"的姿态。无论哪种说法，"扭"都是秧歌舞最显著的特点。

扭秧歌是娱神娱人的一种集体表演，属于民众的狂欢。在北方地区，每年的春冬季节都是农闲时节，尤其在春节和元宵节期间，各地都要举行辞旧迎新的文娱活动，谓之闹社火、闹红火。扭秧歌是必不可少的节目之一，阵容庞大的秧歌队走街串巷、喜气洋洋，人们兴高采烈地舞蹈、跳跃，步履轻盈、洒脱，在隆冬时节散发身体的热量抵御寒冷，男女老少沉浸在一片欢欣沸腾的氛围中，热闹非凡。

秧歌在我国的分布范围极广，以北方为主，山东秧歌、东北秧歌、陕北秧歌、河北秧歌成为独领风骚的四大秧歌。山东秧歌有齐鲁之风，表现出山东人民刚直豁达又重视礼仪的一面，其中，鼓子、海阳、胶州秧歌最为出名。东北秧歌形式多样，常见的有踩高跷、打花棍等形式。陕北秧歌主要流行在榆林、延安地区，表演时队形丰富多变，场图精致优美，内容多为飞禽走兽、人情风物等。河北秧歌主要流传于东部唐山一带，表演形式灵活多变，刚柔并济。其实，广义来讲，南方的花鼓灯、采茶舞都属于秧歌，比如安徽的花鼓灯、广州的潮阳英歌是典型的南方秧歌，但是不同于北方的古朴和粗犷，它们呈现出体态轻盈、纤巧秀丽的特点。可以说，几乎在中华大地的每一寸土地上，都流传着秧歌这种经久不衰的艺术。

秧歌作为民间歌舞，在陕西、山西等地还被改编成秧歌剧，走上文艺舞台。2006 年，秧歌被列入第一批国家级非物质文化遗产。2008 年，海阳秧歌还受邀参加北京奥运会前的暖场演出，秧歌正受到越来越多的关注。总之，秧歌是贴近百姓日常生活、接地气儿的艺术，这恰恰是它无穷的生命力所在。要说给当下流行的广场舞来个追根溯源，恐怕非秧歌莫属。

安塞腰鼓——黄土高原生命的释放

相信很多人对安塞腰鼓并不陌生。作家刘成章的《安塞腰鼓》一文曾被选入中小学语文课本，给很多人留下深刻的印象。"骤雨一样，是急促的鼓点；旋风一样，是飞扬的流苏……黄土高原上，爆出一场多么壮阔、多么豪放、多么火烈的舞蹈哇——安塞腰鼓！"

我国的鼓文化源远流长，《周易》记载，"鼓之舞之以尽神"，可见，在商周时代，鼓已经被当作祭祀的乐器使用。《左传》记载，"一鼓作气，再而衰，三而竭"。表明鼓经常被用来鼓舞士气。据

　　说，腰鼓最初就用于军事中的击鼓报警、传递讯息。它是一种挂在腰间的打击乐器，演奏时伴有舞蹈动作，在陕北一带颇为流行，安塞、横山等地的腰鼓尤为出名。

　　安塞腰鼓是陕西省安塞县特有的民俗文化。位于陕北地区的安塞县，处于汉族与游牧民族交界地带，因其特殊的地理位置，自古以来就是兵家必争之地，县名"安塞"有"安定边塞"之意。安塞腰鼓便是在这样的地理、历史条件下应运而生。如今，安塞腰鼓早已成为民间喜闻乐见的表演形式。腰鼓有文、武之分，"文腰鼓"轻盈活泼，"武腰鼓"粗犷奔放，鼓点激越欢腾，动作矫健豪迈，既是情感的宣泄，也是力量的爆发，表演场面气势宏大而壮观。

　　安塞腰鼓的表演和当地人的节庆生活密不可分。"沿门子拜年"是当地最热闹的民俗活动，一到过年，各村都要组织腰鼓队挨家挨户拜年，叫作"沿门子"。腰鼓队主要由一名伞头和若干鼓子手组成，伞头举着花伞负责指挥全局，并且即兴编唱秧歌，祝福主家大吉大利、四季平安，鼓子手们个个都是击鼓能手，他们按照伞头的指挥，步调统一，精神饱满，动作流畅优美。除"沿门子"以外，每年的正月十五，安塞各村还要举行"场地鼓"，届时各路腰鼓队在广场集合，大显身手，互比高低，现场鼓乐齐鸣，热闹非凡。

20 世纪 40 年代，安塞腰鼓因其万马奔腾的气势，曾被当作胜利的象征，受到国家领导人的重视。凭借独特的艺术魅力，安塞腰鼓走出本土，受到外界的广泛关注，曾在国庆六十周年、亚运会开幕式、香港回归等庆典中演出，并赴美国、日本、德国等地表演，多次获得中国民间舞蹈类大奖。

1996 年，安塞县被国家文化部命名为"中国腰鼓之乡"。2006 年，安塞腰鼓被列入第一批国家级非物质文化遗产。安塞腰鼓已经成为代表陕北风土人情的符号受到重视和保护。俗话说，一方水土养育一方人。千百年来，黄土高原的汉子们用腰鼓诠释着蓬勃热情的生命。正如刘成章赞不绝口地称，好一个黄土高原，好一个安塞腰鼓，每一个舞姿都充满力量。

苗族芦笙舞——苗家儿女踩歌堂

芦笙舞，又名"踩芦笙""踩歌堂"等，因用芦笙为舞蹈伴奏和自吹自舞而得名，广泛流布于贵州、广西、湖南、云南等地的苗、侗、布依、水、仡佬、壮、瑶等民族聚居区，是南方少数民族最喜爱、分布最广泛的一种民间舞蹈，大多在年节、集会、庆贺等喜庆时刻表演，主要有群众性芦笙舞、表演性芦笙舞和风

俗性芦笙舞三种类型。从已出土的西汉铜芦笙乐舞俑分析，芦笙
舞至少已有两千多年的历史。

芦笙是苗族古老的吹奏乐器。苗家人吹奏芦笙，必定要以舞
蹈配合。芦笙舞由十几甚至几十人盛装打扮的芦笙手围称圆圈，
边吹边跳，又称"踩堂舞"，是苗族人民珍贵的艺术财富。

群众性芦笙舞，苗语叫"究给"。每当节日来临之时，人们
都到芦笙场上跳芦笙舞。由一支庞大的芦笙队伴奏，或者由芦笙
队带领，群众围着芦笙队形成圆圈舞蹈。这种芦笙舞不限人数，
男女老少都可以参加，舞蹈动作比较简单，随着芦笙吹奏的乐曲
而变化。随着苗家姑娘的跳动，身上佩戴的银饰会发出悦耳的声
响，具有浓郁的苗家风情。

表演性芦笙舞，苗语叫"丢捞比给"，是男子竞技性的舞蹈，
一般在传统节日里举行，舞曲明快，节奏强烈，技术性比较高，
多数是各村里的芦笙能手才能参加比赛。

风俗性芦笙舞是男女青年表达爱情的一种方式。姑娘把自己
绣的花腰带一头系在自己看中的男青年的芦笙上，自己牵着花腰
带的另一头跟看男青年跳舞。有时，一个男青年身后有好几个姑
娘牵着花腰带，队形好像孔雀开屏，而有的男青年身后却空无一
人，十分有趣。

芦笙是集祖先崇拜、母性崇拜等于一身的多文化复合体，已

成为苗族的一种代表符号。《世本》记载："女娲作笙簧。"《华阳国志·南中志》则将葫芦喻为成年妇女。闻一多先生也在《神话与诗》中写道："至于为什么以始祖为葫芦的化身，我想是因为瓜内多子，是子孙繁殖的最初象征，故取以相比拟。"《苗族古歌》中的"兄妹结婚歌"中唱道：洪水滔天以后，"寨上断人烟，只剩哥相两，只剩妹相芒"，哥妹俩因坐于葫芦里而得免于难。后来，兄妹俩通过滚石相合而结为夫妻，繁衍了人类。这一对葫芦兄妹，苗族人民是把他们视作自己的始祖来崇拜的，而那个把他们从洪水中救出性命的葫芦，在苗族人民的祭祖仪式中当然也占有重要地位。

芦笙这一承载了多种文化现象的神圣之物，最初只允许公开出现在庄严神圣的祭祀活动中，苗族先民也只能在各类祭祀活动中才能吹奏、舞弄芦笙这一神器，伴随芦笙乐曲娱乐诸神。

在黄平、施秉一带流行着一个传说。很久以前，有一位英雄因儿子被恶龙吞食，便与要好的武士一道杀了恶龙。从此天昏地暗，久旱不雨，五谷不长。人们都非常着急。一天，龙的阴魂托梦给英雄说，只要他们寨上敲锣打鼓集中到坝子上吹芦笙跳舞，给它解闷儿，它就会带来晴天和雨水。英雄把这事对人们讲了，老人们一商量，决定试试，果然就灵验了。从此以后，这一带的苗寨每年都举行一次芦笙会，笙歌起舞，娱神自乐，于是便形成了有名的谷陇芦笙节。

如今，苗族的芦笙舞已从单一的律动发展成丰富多彩的律动，成为集歌、舞、乐为一体的文化形态，是独特而丰厚的历史文化结晶，是中国多彩的少数民族文化的一部分。

2006 年，苗族芦笙舞被列入国家级非物质文化遗产名录，使得这一古老而又充满活力的民族艺术形式更加为世人所知，并且不断焕发出勃勃生机。

彝族葫芦笙舞——花倮人的文化符号

西畴彝族葫芦笙舞流传于云南省文山壮族苗族自治州西畴县鸡街曼村。曼村为彝族花倮人聚居的村落。花倮人的葫芦笙舞是一种古老的彝族民间舞蹈，以躯体"S"形前后曲动的典型舞姿而独树一帜，展现着古代滇人葫芦笙舞的遗韵。

据记载，花倮人是彝族的一个支系，总人数有两千余人，有自己的语言，但没有文字。曼村为彝族花倮人聚居的村落。在开化古铜鼓图饰上，有 4 个头戴羽冠、衣着羽衣、吹葫芦笙翩翩起舞的舞人饰纹，舞姿正是一个典型的"S"形前后曲动的造型动作。由此可以证明，在漫长的历史年代，古滇先民跳葫芦笙舞时是头戴羽冠、手执羽毛、身穿羽衣、屈肢顿足而周旋飞舞。今天曼村花倮妇女的头饰和服饰仍保留有一些"羽冠"和"羽衣"的痕迹，说明曼村花倮人的葫芦笙舞是由古滇先民舞蹈传承而来，有其特定的历史文化内涵。

葫芦笙舞有其独特的地方，当一男性吹响葫芦笙时，妇女们便排成排，闻笙起舞，从头部至足踝一刻不停地呈"S"形摆动，动作简洁明快，节奏则与迪斯科舞相近，因此被著名舞蹈家、中国舞蹈家协会副主席戴爱莲誉为"中国式的迪斯科"。

说起葫芦笙舞的来历，有这样一个传说。花倮人的祖先在奔波迁徙过程中，只剩下母亲玛索和女儿红妹相依为命。红妹长大后，被邻近的一条蛇精卷去。玛索斗不过蛇精，哭得死去活来，躺在荒山上又累又饿，随手采下身边的荞籽吃下。不久，她生下一男孩，并很快长大成人。一天，飞来一只怪鸟，不停地叫："姐姐红妹，姐姐红妹。"他去问母亲，玛索流着泪告诉他红妹的故事。男孩一怒之下，跟着怪鸟来救红妹。怪鸟停在田间一只巨大的葫芦上，不走了，并不停地用嘴啄击葫芦，发出奇特的声音。男孩采下葫芦，制成葫芦笙，和怪鸟来到蛇洞。他一吹响葫芦笙，顿时天昏地暗，电闪雷鸣，蛇精在葫芦笙声中不断地呈"S"形扭动，尾巴完全放开了卷着的红妹，直到气绝身亡。姐弟回到家并从此繁衍后代。此后，花倮妇女就以跳葫芦笙舞来驱逐缠在身上的"蛇精"，并流传下来。

在花傈人的重要节日时，全村男女老幼欢聚于场院，妇女身穿节日盛装，在葫芦笙的伴奏下，围成圆圈翩翩起舞，通宵达旦。

舞蹈时，吹笙的为男性，跳舞的为女性。吹葫芦笙者为领舞，只要葫芦笙一响，妇女们便两人一对，并肩挽臂，紧靠站立，携手随葫芦笙吹出的节拍，踏地顿足，扭肢摆裙，婆娑起舞。舞姿的动态造型以一拍一次的膝部屈伸来带动腰肢、胸部和下颌部呈"S"形的前后扭动，动律向下。舞蹈时，不管队形怎样变化，舞圈都要不断向右或向逆时针方向行进。

葫芦笙舞有牙虐（站着跳）、牙庆（起步跳）、牙拉（移步翻身）、牙降（走圆圈）、牙稳（穿花）、牙搞（对点头）和牙敢（前跳又后跳）七种不同的舞蹈套路，每一路都有固定的舞曲，舞曲以"56123"五音构成，多徽调式和商调式，或者两种调式相互交替。舞曲音乐节奏缓慢，韵律稳沉，由不同的葫芦笙曲调吹奏，音乐较为丰富。

花傈人葫芦笙制作工艺特别，五根长短不一的竹管，在根部嵌竹或铜制簧片，插入葫芦制成的音斗，三支笙管侧面开有音孔，最短的一支在音斗背后也开有音孔，最长的一支顶端还套有一个小葫芦，以增加共鸣。

2006 年 5 月 20 日，彝族葫芦笙舞经国务院批准列入第一批国家级非物质文化遗产名录。

傣族孔雀舞——傣族人的"雀之灵"

在我国五十六个民族中，有一个民族和孔雀的关系最为密切，这就是傣族。傣族人将孔雀视为美丽、聪慧、吉祥、幸福的动物，在民间流传着许多和孔雀有关的神话传说，也因此形成了傣族最负盛名的舞蹈——孔雀舞。

傣族孔雀舞分布在云南省德宏傣族景颇族自治州的瑞丽、潞西及西双版纳、孟定、孟达、景谷、沧源等傣族聚居区，其中以瑞丽的孔雀舞最具代表性。相传一千多年前，傣族领袖召麻栗杰数模仿孔雀的优美姿态而学舞，后经历代民间艺人加工，形成孔雀舞。

其实，孔雀舞的形成离不开傣族地区特殊的人文环境。高山丛林的自然环境孕育了孔雀，也培养出傣族人对孔雀的情感，傣族最著名的民间叙事长诗《召树屯》就是最好的注解。《召树屯》又名《孔雀公主》，讲述的是王子召树屯和孔雀公主兰吾罗娜的爱情故事，头人的儿子召树屯爱上了孔雀国的七公主兰吾罗娜，二人成婚不久，邻近部落发动战争，兰吾罗娜想出诱敌深入的方法，最终取得战争的胜利，但头人召勐海却听信谗言，差点将兰吾罗娜杀死，于是伤心的兰吾罗娜化身成孔雀飞走了。召树屯凯旋归来后得知此事，决定去孔雀国寻找妻子，历尽千辛万苦，二人终于团聚。

传统孔雀舞的伴奏乐器有三种：象脚鼓、锣和镲。三种乐器配合，打击出丰富多样的节奏，根据舞者的风格，时而温柔舒缓，时而欢腾奔放，乐手能准确把握孔雀舞的特点，一位好的乐手通常也是一位优秀的舞者。孔雀舞一般分为单人、双人和多人孔雀舞，表演者以男性为主，动作有固定的步法和严格的程式要求，如"飞跑下山""林中窥看""漫步森林""点水""抖翅"等，将孔雀的生活习性及内在特质惟妙惟肖地表现出来。

在傣族很多重大的节日庆典中，孔雀舞必不可少。傣族人将过节称为"赶摆"，重要的"摆"有泼水节、开门节、关门节等，赶摆期间，人们聚在一起，打起锣，敲着象脚鼓，跳着优美欢快的孔雀舞，一派热闹狂欢的场景。节日庆典跳孔雀舞由来已久，传说孔雀的羽毛起初并不是五光十色，在一次"摆帕拉"的佛教节日中，一只雄孔雀受到佛光的照耀，才有了尾巴上耀眼的图案，佛祖还特意叮嘱孔雀，每年都要来跳孔雀舞。

2006年，傣族孔雀舞经国务院批准列入第一批国家级非物质文化遗产名录。孔雀舞还经舞蹈艺术家杨丽萍改编成《雀之灵》等现代舞，演绎出孔雀更加富有灵性的一面。能歌善舞的傣族人世世代代跳着孔雀舞，美丽的孔雀既是傣族人心目中的圣鸟，也象征着热情、灵动、充满活力的傣族人。

吴桥杂技——挑战身体的传统技艺

吴桥杂技是河北省的汉族民俗杂技艺术。河北省沧州市吴桥县素称"杂技之乡"。据有关史料记载，吴桥杂技历史最悠久。相传，吴桥是孙武后代的封地。吴桥古城东南面是一群土丘，传说是孙膑与庞涓打仗时摆"迷魂阵"的遗址。土丘南面十里处有个孙公庙村，村东有座孙公庙，庙里供奉的塑像就是孙膑。吴桥人之所以很早就习武练杂技，据说与此有关。

1958年农田建设中，在吴桥县小马厂村发现了一座南北朝东魏时期（公元534年至550年）的古墓。古墓的壁画上对杂技艺术做了艺术生动形象的描绘。其中，倒立、肚顶、马术、蝎子爬等杂技表演尤为逼真。此外，据《吴桥县志》记载，明代阁老范景文（吴桥县籍）曾在《游南园记》中记叙了当时在祭台（吴桥旧县城南门外）观看马戏的盛况："至则数健儿在焉，见所乘马，翘腾不胜，气作命取，驰骤道上。于是，人马相得，据鞍生风，蹄蹴电飞，着眼俱失急于雾于，细辨之，见马上起舞，或翻或卧，或折或踞，或坐或骑，或抢或脱，或跃而立，或顿而侧，时手撒辔，时脚蹑靴，时身离蹬，以为势脱将坠矣，而盘旋益熟，观者无不咋舌，而神色自差矣。"可见，吴桥汉族民间杂技艺术历史悠久，源远流长，当之无愧！

吴桥人喜爱杂技，与他们过去的生活环境有关。吴桥县位于古黄河下游，西有大运河，东靠四女寺河，纵横河流占去大片土地，且土地盐碱瘠薄，水灾频繁，又是历兵战乱之地，人民生活苦不堪言。人们在走投无路的情况下，只好翻个跟头，变套戏法，耍耍大刀，玩玩猴子、巴狗之类的小动物，浪迹江湖、卖艺糊口。

吴桥人练杂技的多，会杂技的多。传说，唐代书生纪晓堂两次进京赶考，因不愿贿赂，中了进士，又被除名，一气之下，只身云游四海。这天，他来至终南山下，正遇杂技之祖吕洞宾，便拜师学艺，学会了三百六十套戏法把戏。出师后，他浪迹至吴桥，安居在一座道观里，收徒传艺。从此，师传徒、父传子，人人学，家家练，世代相传，越来越多。

据记载，吴桥是庙会盛地，境内庙宇林立，庵寺错落，庙会繁多。庙会为杂技提供了表演的场所，而杂技也为庙会招徕了香客。两者相辅相成，久而久之，便成了吴桥杂技传统风格。

　　每年秋收之后，农历八月十五至九月十五，在黄镇（现属山东宁津县）有一个月的庙会。庙会期间，杂技、魔术的道具刀、叉、丹环等摆摊出售，狗、猴、蛇、熊任人选购。此时，杂技、魔术、木偶等各路艺人纷纷赶来，或切磋技艺，或拜师访友，或搭班组棚。庙会专为杂技行业所开，别有风趣。会后，各班各棚四散而去，近则天津、北京，远则闯关东，下江南，单凭一把飞叉或牵着一只巴狗、猴子便远走天涯，漂洋过海，浪迹异国他乡，撂地卖艺，赖以谋生。这一古老风俗一直沿袭到20世纪50年代末。

　　在吴桥，杂技艺术俗称"耍玩艺儿"。民谣说："上至九十九，下至才会走，吴桥耍玩艺儿，人人有一手。"吴桥人对杂技有着特殊的爱好，无论在街头巷尾，还是田间麦场，甚至在饭桌前和土炕上，他们随时都会翻一串跟斗，叠几组罗汉，打几趟拳脚，变几套戏法魔术。有的孩子去商店粮站打油买醋，都会把装满油和醋的瓶子置在小拇指上托着走，点滴不洒。下雨天，一群群小学生将雨伞顶在鼻子尖上冒雨行走。洞房花烛夜更是妙趣横生，吃糕点信手拈来，喝喜酒立等可取。新娘子空手一伸，颗颗喜糖满屋飞；新郎官空中击掌，支支香烟飞进手。

　　20世纪50年代，周恩来总理出访西欧十四国时，所到之处，华侨中无不有吴桥杂技艺人。周恩来总理欣喜地赞道："吴桥真不愧是杂技之乡！"于是，"杂技之乡"便因此得名。

1987 年，文化部、河北省政府在省会石家庄市举办了以吴桥命名的第一届"中国吴桥杂技艺术节"，使河北省成为继巴黎、摩纳哥之后的世界第三大国际杂技赛场。

2006 年 5 月 20 日，吴桥杂技经国务院批准列入第一批国家级非物质文化遗产名录。

天桥中幡——耍出来的老北京绝活儿

对很多老北京人来说，天桥可不是个陌生的地儿。大约在正阳门以南，永定门以北，天坛西路的先农坛一带，曾经有一座桥，过去作为天子祭天、祭农的必经之路，而得名"天桥"。后来，天桥成为平民游艺的场所，集中涌现出一大批民间艺人，最著名的要数"天桥八大怪"了。其中有一个叫王小辫儿的，他身怀绝技，天桥的人们都知道他是会耍中幡的高手。

中幡又叫"大督旗""大执事"，是旗的一种，有 10 米多高，最早用于皇帝的仪仗队，据说已经有一千多年的历史。为了在行军、打猎途中给皇帝解闷儿，旗手们就通过舞动中幡，博皇帝欢心。不仅如此，每逢重大节日庆典，或迎接重要宾客时，宫廷都要耍大执事，旗杆上还要加伞，舞动起来威风好看。直到清朝末年，民间艺人王小辫儿从宫中耍执事的哥哥那儿，学到这门本事，将这项技艺带到民间，从此"耍中幡"成为天桥一带引爆全场的节目。

耍中幡可是个体力活，要将几十斤重的中幡上下翻飞并不容易。耍中幡还要掌握很多技巧，要调动身体的头、肩、手、肘、胯、膝、肩等部位，轮番上演高难度动作。经典招式有：霸王举鼎、金鸡独立、苏秦背剑等。要想吃中幡这碗饭，霸王举鼎可是"开门饭"，练习时，要将中幡扔起来直接落到肩上，一不小心就会砸得鼻青脸肿，等消肿后接着再练，一直到熟练为止。可见，练中幡是抻筋拔骨的事儿，要想练好就得不怕吃苦。

在王小辫儿之后，中幡受到不少艺人的传承，其中著名的有"宝三"宝善林、付顺禄等人，宝三继承和发扬了中幡技巧，不仅把中幡从单人发展成为多人演练，还吸收了翻、打、跌、扑的摔跤表演，又融入滑稽幽默的相声表演，所以中幡在当时又被称为"武相声"，在20世纪50年代盛极一时。后来由于时代政策等原因，六七十年代天桥市场被取消，中幡表演一度中止。直到改革开放以后，付顺禄之子付文刚成立了艺术团，使中幡技艺得到传承。

近年来，付文刚带领自己的艺术团参加过多次演出，不仅参加北京奥运会开幕式、每年的地坛庙会，还走出国门，前往印度、澳大利亚演出，让世界了解中幡艺术。目前，作为老北京近代民俗的缩影，中幡已经成为第一批国家级非物质文化遗产。

据付文刚回忆，当初王小辫儿将中幡从宫中带到民间卖艺的时候，赋予中幡"一帆风顺"的含义，颇有吉祥喜庆的意味。当彩绸迎风招展，铜铃叮咚作响时，我们也许能感受到一百年前王小辫儿舞动中幡的风采。中幡让我们追忆民族历史，延续文化血脉，这就是民俗在今天的意义。

少林功夫——禅武合一的中华武术

20世纪80年代初有一部名为《少林寺》的电影曾轰动海内外，一股少林武功热也随即弥漫了神州大地，甚至老外也赶到中国来凑热闹一试身手。于是，少林武功得到了极大发展。

少林功夫曾被应邀到美国、欧洲、东南亚等很多国家和地区演出，中国功夫使国际友人着迷，使观众目瞪口呆、叹为观止，异口同声地惊叫："不可思议！不可思议！"英国女皇伊丽莎白二世还特别邀请少林功夫到"白金汉宫"表演，待之为上宾。在国外演出所到之处无不掀起一阵"中国功夫旋风",使老外如痴如狂,为之倾倒,纷纷发出由衷的赞叹:"中国人总是能搞出一些让人意想不到的东西来,真是神奇的中国人!"

人们一提中国功夫,必称少林,少林功夫成为中华武术的象征。少林功夫是指在嵩山少林寺特定佛教文化环境中历史地形成,以紧那罗王信仰为核心,以少林寺武僧演练的武术为表现形式,并充分体现禅宗智慧的传统佛教文化体系。作为一个非常古老的汉族武术流派,少林功夫的要旨是禅武合一。

天下功夫出少林。只要说到少林寺,几乎所有人都会首先想到少林功夫。少林寺是佛教禅宗的祖庭。禅宗以明心见性、顿悟成佛为要旨。在佛门眼中,参禅是正道,拳勇一类乃是末技,僧众们不过是借练功习武达到收心敛性、屏虑入定的目的,同时也可收到健身自卫、护寺护法的效果。

"功夫"一词是中国原有词汇,等同于武术。武术乃是由先秦道家所演化的黄老道乃至道教人士追求成仙所演化的一种修行体系,从早期的吐纳、引导术而慢慢演化为一种对人体的奥秘探索而形成的一种人体运动,再结合现实社会的需求而演化出的一种特有文化。

为什么说功夫是中国的特有文化呢?因为在中国,功夫不仅仅指的是一些单方面的人体运动,而有着更深的含义。譬如,道教的以武练体、佛家的以武参禅，都是借武悟道、以道演武的。少林功夫是一个庞大的武术体系，而不是一般意义上的"门派"或"拳种"。其中，"禅"字是提高功夫的重要依据，因为"禅"是"外不着想，内不动心"。少林六祖惠能在《坛经》上说：禅乃梵文音译"禅那"，其意译为"弃恶""功德丛林""思维修""静虑"，基本含义就是息心静寂地参悟。所以，少林功夫和其他派别不同，讲究的是"禅武合一"。

据相关文献记载，少林功夫中的"禅定"可追溯到北魏时期。当时，印度高僧跋陀来中国传习禅宗佛法，北魏孝文帝为他修建了少林寺。之后，高僧菩提达摩到此面壁数年，苦行传法。有关他的"一苇东渡"等传说，成为了少林功夫重要的精神源泉。

隋朝末年，天下纷争，少林寺成为山贼、土匪的攻击目标。为了维护财产，少林寺开始组织僧人习武。公元619年，隋将军王世充在洛阳称帝，他的侄子王仁则占据少林寺属地柏谷坞，建辕州城。公元621年，少林寺昙宗等十三位僧人擒拿了王仁则，夺取了辕州城，归顺了秦王李世民。这便是历史上流传深广的"十三棍僧救秦王"的故事。

唐末至五代，由于武宗"会昌灭佛"及战乱等社会因素，少林寺受到较大冲击。到了宋代，少林功夫的信仰内容和品质又有了新发展，"禅武合一"开始成为少林功夫的主流思想。

元代禅宗高僧福裕禅师创立了寺院宗法门头制度，使少林寺僧人都以少林寺为家，为少林功夫的传承开创了新局面。

明代是少林功夫发展的重要时期，少林寺僧人多次受朝廷征调，参与官方的战争活动，并多次受到朝廷的嘉奖。

清朝统治者禁止汉人习武，使得少林功夫的传习受到很大影响。

民国初，军阀混战殃及到少林寺，随着 1928 年大雄宝殿、藏经楼等重要建筑及典藏被一场大火烧毁，少林寺功夫由此更为衰败。

20 世纪 80 年代以后，政府颁布新宗教政策，少林寺得以重修，少林功夫也得以复兴。经过 30 多年艰难发展，如今的少林功夫再一次受到了世人的瞩目，重新焕发出了光彩。

当今的很多学者都在拷问：嵩山少林寺几经劫难却长兴不衰，及至今日风靡全球，靠的是什么？答案是：靠的是少林弟子千古传承的少林精神。那么，什么是少林精神呢？少林精神事实上就是少林寺流传千古的《门风堂规》："南拳北腿少林棍，卫国保寺健自身。崇禅尚武少林人，爱国护教少林魂。不争和合少林心，止恶扬善少林根。以德服人消贪瞋，后发制人少林门。孝顺师僧父母亲，守法持戒遵祖训。农禅立寺为根本，医禅济世救穷困。慈悲为怀尽施舍，放下名利不是贫。武医为媒弘佛法，少林弟子正精神。"

时至今日，少林功夫所秉承的"禅武合一"的精神要旨，已经成为中华民族的重要精神财富，更是中华民族珍贵的文化遗产。

太极拳——内外兼修真功夫

在我国传统武术运动中，有一种既融合儒家、道家哲学思想，又集强身健体、技击防卫于一体的拳术，传承三百余年，盛行不衰，这便是太极拳。

太极拳，又名长拳、十三势等，清代王宗岳所著的《太极拳论》是"太极拳"名称最早的文字记载。太极拳是以太极思想、阴阳学说和天人合一论为自己的哲学思想，故有人称之为"哲拳"。太极拳是一种内外兼修的传统体育文化，它既有健身的文化特征，也有修身的文化内涵。太极拳是受中国传统哲学文化影响最深的一个拳种，它依附于太极阴阳学说，顺应人体自然规律，强调养练结合。养生上讲究精、气、神的内修；技击上则主张以柔克刚，有"引进落空""借力打力"等技术。在实际运用中，太极拳比较讲究劲力质量，有化劲、冷劲、缠丝劲、沉劲等数十种劲法。

据说，太极拳形成于明末清初，经由河南温县陈家沟陈王廷创编，至今已经广泛流传了三百余年，在传承过程中，不断创新出许多门派，比较知名的有陈氏、杨氏、吴氏、武氏、孙氏、和氏与赵堡架等，其中流传较广或特点较显著的是陈式太极拳和杨氏太极拳。新中国成立后，又编写了简化太极拳、四十八式太极拳、八十八式太极拳及各类太极拳竞赛套路等，使其广为流传。

1959年周恩来总理在北京体育学院会见日本友人松村谦三时说："太极拳是中国的一种优秀传统文化，内涵十分丰富，充满哲理，与中国传统医学有着血缘关系。学太极拳是一项很好的健身运动，可以强身健体，可以防身自卫，也可以陶冶情操，是一种美的享受，可以给人们生活带来无限情趣和幸福，可以延年益寿。"

经过近几十年的推广与发展，太极拳已经发展成为一项世界性的健身运动，传播到一百多个国家和地区。2000年6月20日，国际武术联合会在马来西亚吉隆坡的执委会上通过决议，将每年的5月定为"世界太极拳健身月"。前国际奥委会主席萨马兰奇先生曾说："作为中国传统体育项目之一的太极拳现已走向世界，今天在别的国家里也有许多参与者。"2006年河北省永年县杨氏太极拳与河南省焦作市陈氏太极拳合并为太极拳，入选第一批国家级非物质文化遗产名录，此后，其他许多门派也纷纷被列入省级"非遗"名录。

外修其身，内修其心，以柔克刚，虚实相生，太极拳饱含东方思想的智慧，作为中华民族武术文化的瑰宝，这正是它无穷的生命力所在。

蒙古族搏克——草原跤场上的比拼

搏克是蒙古族传统的体育娱乐活动之一，草原上的人们把蒙古式摔跤称作"搏克"，意为结实、团结与持久。"摔跤、骑马、射箭"是传统蒙族"男儿三艺"，而"搏克"位居"三艺"之首，不管是祭敖包，还是开那达慕，"搏克"都是绝对不可缺少的主项。

蒙古族自古以来就以能骑善射和身强力壮著称。大约在两千多年前，产生了搏克，并且在远古部落时期，摔跤、赛马与射箭被作为选择部落首领的最主要条件。元朝建立以后，统治者进一步规范并确定了摔跤、骑马和射箭作为蒙族"男儿三艺"。当时，摔跤不仅在群众中有着较高的地位，贵族们在宫廷宴会享受美食之余也经常借此助兴。元朝帝王也十分提倡摔跤运动，每逢举行重要宴会，都要有摔跤交手竞技助兴，并把摔跤定为武举取士的一项重要内容。当时摔跤的佼佼者可以获得很大的荣誉。历史上盛大的"那达慕"大会摔跤冠军，据说可获"八十一"份奖品，分别是：骆驼九峰、骏马九匹、黄牛九头、绵羊九只、山羊九只、马鞍九套以及砖茶九块等九种物品。到了近代，虽然"那达慕"摔跤冠军的奖品发生了变化，但奖品规格仍然不低，除了骆驼、马、牛、羊，还有毛毯、收音机甚至电视机等，无一定之规，此外，还要对前八名也予以重奖。此外，与一般体育比赛不同，搏克比赛对失败者还给予鼓励奖。

搏克选手的服饰也十分有讲究。参赛者下身穿宽大的白裤子，外面再套一条绣有各种动物和花卉图案的套裤，上衣用香牛皮制作而成，并且钉满银钉或铜钉，后背中间有圆形镜或"吉祥"之类的字，腰间系有红、蓝、黄三色绸子做的围裙，脚蹬蒙古靴或马靴。获胜的选手，脖子上佩戴着被称为"江嘎"的五颜六色的布条，"江嘎"越多，说明该选手获胜次数越多。

1986年，由内蒙古自治区体委审定颁布了《蒙古式摔跤比赛暂行规则》，对于"竞赛性质""竞赛制度"等都作了较合理的修改和规定，并确定了女子参加蒙古式摔跤的具体办法，破除了"只有男子才能摔跤"的陈规，为女子参加广泛的体育锻炼开辟了广阔道路。2014年蒙古族"搏克"被列入国家级非物质文化遗产名录，这项具有民族特色的传统体育活动更加受到世人瞩目。

　　博克运动是中国传统民族体育项目的一枝奇葩，是蒙古族等少数民族强身健体、赖以生存的传家宝，是中华民族的宝贵文化遗产，它将继续以旺盛的生命力展现在中华大地上。

后 记

　　在《话说民俗》电视系列节目创作和本书文稿编辑过程中，中国教育电视台台长袁小平和时任中国教育电视台党委书记、副台长张剑都多次给予具体指导，并负责书稿终审。靳黎明和林安芹同志，担任了该电视系列节目整体策划、选题设计和确定、作者组织与沟通、文稿审定和节目审查，并主持了本书出版的组织协调和文稿编审工作。郭戎锐同志作为该电视系列节目编导，做了大量繁复和细致的工作，表现出很强的敬业精神。节目主持人张征在整个电视系列节目录制过程中始终展现出良好的专业素质和职业精神。感谢北京大学、山东大学和北京师范大学有关民俗学研究的专家学者对节目提出的建设性意见。最后，特别感谢本书的责任编辑涂潇女士为书籍出版所提出的宝贵建议和付出的辛苦努力。

编　者

2017 年 11 月

责任编辑：涂　潇
装帧设计：石笑梦

图书在版编目（CIP）数据

话说民俗／中国教育电视台 编著 . —北京：人民出版社，2018.1
ISBN 978－7－01－018592－7

I. ①话…　 II. ①中…　 III. ①风俗习惯－中国－通俗读物
　 IV. ① K892-49

中国版本图书馆 CIP 数据核字（2017）第 288433 号

话说民俗
HUASHUO MINSU

中国教育电视台　编著

人民出版社 出版发行
（100706　北京市东城区隆福寺街 99 号）

北京盛通印刷股份有限公司印刷　新华书店经销

2018 年 1 月第 1 版　2018 年 1 月北京第 1 次印刷
开本：710 毫米 ×1000 毫米 1/16　印张：17
字数：152 千字

ISBN 978－7－01－018592－7　定价：78.00 元

邮购地址 100706　北京市东城区隆福寺街 99 号
人民东方图书销售中心　电话（010）65250042　65289539